別成為孩子精神世界的陌生人

還在「以愛為名」控制你的孩子？
你可能養出一個永遠長不大的巨嬰！

U0082133

臨界冰——著

目錄

目錄

第 3 章　邁過成長中的第一道檻

目錄

目錄

目錄

前言

你是否曾感覺到從小一直很乖的孩子，到了七八歲時，突然變得頑劣，開始不聽父母的話，喜歡按照自己的想法行事？

在心理學上，把 7～12 歲稱為「正在凝固的水泥」階段。這段時期的孩子，他們的人格開始漸漸形成。

研究發現，孩子在不斷成長和對世界探索的過程中，獨立意識的確立以及幼時對世界的認知，奠定了他們一生中最基本的人格特徵和對世界的看法。

7～12 歲的孩子，行為受到父母意識和個人意識的共同支配，制衡本就是互相的，所以父母意識和孩子個人意識的制衡決定了孩子未來的人格。同時，7～12 歲也是孩子發展勤奮感、克服自卑感、培養好習慣的重要階段。

在這一階段，孩子們會表現得非常活躍、好動，此時他們的內在動力（來自潛意識的巨大力量）都將投入課業和大量的遊戲中。而且，這個階段的孩子也渴望展現自己的能力，希望獲得成就感，因此，他們很容易做出一些不計後果的舉動……

幾十年前，把小孩養大成人，就已經算是成功，如今，隨著物質生活的豐富，僅僅把孩子養大已經不是什麼難事。但是

前言

我們發現，近幾年青少年心理問題卻呈現越來越嚴重的趨勢，如何教育出一個心理健康的孩子，成為每個家長最焦慮的事。

心理學的核心實際上就是研究各種關係，而在每個個體所面對的各種關係中，親子關係是所有關係的基礎。

我們總希望給孩子所有我們認為最好的東西，但這並不代表孩子們就會喜歡，孩子有他自己的世界，這份以愛為名強加給他的重負，只會讓孩子迷失在愛裡，找不到愛，甚至遠離愛。

建立心理基礎和人生觀、世界觀最重要的一步，是「我」是否被這個世界所接納？如果孩子真正想要的，沒有人能夠體會和理解，他就會躲在厚厚的防禦機制裡，和父母漸行漸遠……

真正的愛，應給予孩子精神上的認可，讓孩子感受到身為獨立個體所獲得的精神光輝，被平等對待和坦誠的「被看見」。

本書主要圍繞三個核心的話題展開：愛、自信心、安全感。這也是影響心理健康的三個最基本的要素。

一是愛不是如我所願 —— 透過逐步解決變親子關係中的錯誤認知，彌補家庭中的原生缺陷，讓愛流動起來。

二是幫助孩子超越自卑 —— 透過理解每個孩子的與眾不同，激發孩子的內在潛能。

三是建立安全感 —— 透過幫助孩子跨越成長中的第一道檻，建立強大的內心世界。

本書沒有晦澀的理論說教，也不是表面光鮮沒有內涵的雞湯文，而是透過對一個個真實鮮活案例的拆解分析，導出的一系列行之有效的解決方案。也許這些案例就真切的發生在你身邊，比如你是否也在重複「低品質的陪伴」，或者你的孩子正在經歷「被孤立」的困擾……

讓我們進入孩子內心世界，尋找每個問題背後隱藏的真正心理原因，用科學的方式與孩子建立良性的親子互動，實現父母和孩子心靈的共同健康成長。在良性親子關係建立的同時，身為家長的你，也一定會遇到一個全新的自我。

前言

第 1 章

理解孩子的與眾不同

1.1　你的粗心大意也不一定是壞事情

　　從小到大我都是一個粗心大意的人，上小學的時候，儘管成績還不錯，但考試從來沒有得過滿分，我表妹跟我同年，考試經常得滿分，一直讓我羨慕不已。我記得小學老師跟我說最多的一句話就是：「你能不能別再犯這種粗心的錯啊？」

　　開始工作後，這個壞毛病依然如影隨形，常伴我左右。就說現在打字寫文章吧，幾乎每篇文章發出去後，都會收到老媽的簡訊：「你那個字是不是打錯了？」唉……無奈啊！後來我索性讓老媽幫我校對了。我粗心大意的形象在身邊人的心中已根深蒂固了。說真的，我自己也很苦惱。

　　隨便上網搜一搜「粗心」，便出現多篇觸目驚心的文章。「粗心大意毀掉一生」、「粗心大意是種病，要儘早克服」、「別再拿粗心當藉口」……

　　如果你跟我有同樣的困擾，看完之後，你心裡是什麼感受？是不是很沮喪呢？

　　別沮喪，有時我們的「粗心大意」也不一定是缺點，心理學家對「粗心」提出了另一個解釋。

1.1.1　粗心的幸運兒

　　英國心理學家設計了一系列的實驗來研究人的運氣，其中

1.1　你的粗心大意也不一定是壞事情

有一個實驗是給每一位受試者一張報紙，請他們仔細看過後說出裡面共有幾張照片。

其實，實驗者還在報紙的中間用了半版的篇幅和超大的字體寫了一句話：「告訴研究人員你看到了這句話，你將贏得 100 英鎊。」

那些細心的人把心思全放在數照片上，所以並沒有發現這個賺錢的大好機會，而那些粗心大意的人，因為「不夠專注」，所以看到了報紙中間的大字，從而贏得了 100 英鎊。

另一種解釋是說，粗心的人更注重整體，性格會更偏向樂觀豁達，所以更願意接受新的機會和挑戰。相比之下，細心的人，比較注重細節，性格方面更內向謹慎，會更苛求完美，所以在關鍵選擇時刻會趨於保守。按照性格決定命運的理論，粗心的人會較細心的人運氣好一點。

1.1.2　粗心的人對某些資訊的判斷更有價值

我們的大腦接收資訊的方式有兩種，即直覺和感覺。每個人都會使用這兩種方式，但不同人會傾向使用其中一種方式，就像我們使用左右手一樣。

偏重用感覺接收資訊的人，會更依賴感官（眼耳口鼻）來接收資訊。而直覺接收資訊是指靠內在的經驗，直接獲取資訊，也就是我們常說的第六感。通常，細心的人較多依靠感覺接收

資訊，而粗心的人傾向用直覺接收資訊。

英文老師敲了敲黑板，嚴肅的指責考試中不認真審題的粗心孩子。題目是一個判斷對錯的題，要求把正確的句子用 T 標出來，把錯誤的句子用 F 標出來。且不說這些孩子判斷正確與否，粗心的孩子無一例外把他們認為正確的句子打了勾，錯誤的句子畫了叉，一大題 10 分全沒了。

為什麼會這樣？

細心的孩子用眼睛讀題，他們依賴於他們看到的事實，而粗心的孩子看題目時，他們似乎看到了不存在的字，也就是說他們憑內在的經驗，想像出題目。因為在他們以往的經驗中，一直都是用勾和叉來判斷對錯，所以他們理所當然的按這個邏輯去答題。

而這一切的發生都是自動的，不受意識的控制。所以，這個「細」和「粗」也沒有好壞之分，「細」的人觀察能力更強，容易受外界環境的影響。「粗」的人預測能力強，卻很難說出細節。

舉一個例子，當遇到一個陌生人時，感覺能力強的人（細心的人）會記得這個人的長相，甚至面部表情的細節。而直覺能力強的人（粗心的人），可能對這個人的長相掉頭就忘，但他會知道這個人是不是安全的，是否值得繼續交往，儘管他自己也無法說明原因。

有媒體曾經採訪過很多成功的企業家，當問及他們的成功祕訣時，他們不約而同說是「直覺」。從這個角度來看，粗心的人對事情的判斷會更有價值。

1.1.3　「粗」和「細」都是相對某種情況而言的

接收資訊後，人們對資訊加工處理的方式會因個體的差異而有所不同。最有意思的區別是在思考導向和情感導向。

思考導向的人用概念和定義來理解事物，情感導向的人用價值和意義來理解事物。因此擅長思考導向的人對於情感有關的知識就會表現「粗線條」，擅長情感導向的人對於思維相關的知識就會「粗心大意」。

因此，粗心的人不是對所有事情都會粗心，在工作時經常粗心犯錯，很可能是因為你沒有找到適合的職業。

粗心的朋友們，看到這裡應該有點欣慰了吧，但是現實生活中，迫於特定工作、學習環境的要求，如果做事總是粗枝大葉，會讓人不放心將重要的事情交給你去做。

那麼如何最大限度的降低粗心帶來的負面影響呢？

事實證明，透過刻意練習，粗心的人也可以慢慢變得越來越細心。

1‧主動培養用感覺接收資訊的能力

有意識地留意生活中的小細節，任何方面都可以，例如觀察一片樹葉，仔細聆聽一首歌等，靜心冥想也是一個很好的方式。

2‧將以前無意識的行為透過有意識的訓練，使之變成一種習慣

在工作方面，要找出容易出錯的地方並用心矯正，例如刻意去培養一種思考習慣，透過某種方式來提醒自己，事前問自己應該做些什麼、怎麼做、事後檢查是否遺漏。

每個人的性格中都會有很多不完美，比如粗心、懶惰、畏難抑或是其他種種，正視它，安心接納，再想辦法去平衡、去調整，這才是最重要的，你說呢？

下面是一個小測試，如圖 1-1 所示：

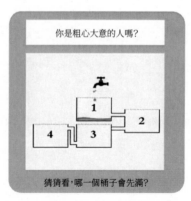

圖 1-1　粗心測試

1.2　原諒我，我有注意力不足過動症（ADHD）

　　每一個孩子的行為背後，都隱藏著他們的心理需求。每一個孩子都是天使，只不過，有些孩子的翅膀是暫時隱藏起來的，需要我們去幫他們尋找和顯露出來。

　　（ADHD 具體是指：Attention, Deficit, Hyperactivity, Disorder），如圖 1-2 所示。

A ⟶ Attention（注意力）
D ⟶ Deficit（不足）
H ⟶ Hyperactivity（過動）
D ⟶ Disorder（紊亂、失調）

圖 1-2　ADHD 的含義

1.2.1　在不為人知的世界裡悄悄的病著

　　帶女兒在兒童遊戲區玩，旁邊一張大桌子上擺滿了玩具火車，幾個三四歲小男孩圍在桌邊搭軌道，其他的幾個孩子都很安靜，在父母或爺爺奶奶的陪伴下認真的放上小火車，只有一個胖胖的小男孩顯得很不合群，他不停的敲桌子、搖椅子，在桌子下鑽來鑽去，將手裡的小火車扔向桌，嘴裡還大聲喊著：「啪啪啪……」。

　　一開始，另外幾個家長還勉強能忍受，直到他又一次扔火

車的時候，不小心把一個孩子搭好的軌道弄塌了，那個孩子傷心的大哭起來，孩子的爺爺在旁邊實在忍不住了：「這是誰家的孩子？這麼沒禮貌！家長能不能管一管啊？」

胖胖男孩的奶奶從一開始就很難為情的站在一旁，每當孩子發出聲響，她就趕緊環顧四周，向正在注視孩子的家長們點頭致歉。

聽到其他家長的責備，她又連忙向大家道歉，隨後把小男孩拽到椅子上，喝斥道：「小寶，你安靜點好不好？你再這樣，奶奶就不帶你出來玩了！」

這個叫小寶的男孩顯然沒有被嚇唬住，掙扎著站起來，繼續玩他的摔火車遊戲，剛才發火的爺爺生氣的拉起孫子，說：「我們走，什麼東西！一點教養都沒有……」

另外幾位家長也紛紛帶著孩子離開那張桌子去別處玩。

男孩的奶奶低著頭，顯得很愧疚，不停向離開的孩子和家長鞠躬，家長們也不領情，憤怒的帶著孩子離開。

我走到那位奶奶身邊，問她：「孩子是不是有過動症？」

奶奶抬頭看我，默默點了點頭，我看到她的眼角有些溼潤。沒有人會知道，過動症兒童患者不安靜、不守規矩、調皮不聽勸的背後，承載著家長多少眼淚與心酸。

我們遇到過動症的孩子，通常第一反應是 —— 真是個缺乏管教的「熊孩子」。許多家長會讓自家的孩子遠離他們，以免

被「帶壞」。有些過動症孩子的父母並沒有意識到自己的孩子已經生病了，於是這些孩子在周圍鄙夷的眼神中，在「被慣壞了」的標籤下，在惶恐、自卑、不為人知的世界裡忍受痛苦，悄悄的病著。

1.2.2　過動症兒童的行為特徵

兒童注意力不足過動症（Attention-deficit hyperactivity disorder, ADHD）是一個重大的公共衛生問題，僅美國就有超過 500 萬名兒童罹患該病，在中國更是有大約 1500 萬名兒童患者。

尤其令人關注的是，該病的確診率正在逐年增加：2013 年，美國國家健康統計中心估計，9.5% 的 4 ～ 17 歲的兒童和青少年（男孩 13.3%，女孩 5.6%）被診斷為 ADHD。此外，近 2% 的 3 ～ 4 歲兒童被診斷為 ADHD，這一比例是 1997 年統計資料（0.5%）的 4 倍。

這個病最重要的是注意缺陷，而不是表面看上去的「過動」。之所以看起來「過動」，是因為患者無法持續集中在任何一件事情上，有些輕症的孩子可能對於很感興趣的事可以集中注意力一段時間，但是對於需要持續注意力的任務（比如學習）就不行了。

注意力不足過動症的孩子與正常好動的孩子相比，通常具

有以下幾條明顯特點。

1. 過動症孩子的好動通常不分場合，而正常好動的孩子是會分場合的。

2. 正常好動的孩子，行為都是有目的性的，對他感興趣的事情特別關注。而過動症的孩子往往沒有目的性，他的動作是很瑣碎的，比如上課的時候翻一翻書包、摸一摸橡皮擦、拉一拉前面同學的衣領或頭髮等。

3. 正常好動的孩子動作很協調，思維也很敏捷，沒有記憶缺陷，而過動症的孩子在這些方面有明顯不足。

4. 判斷孩子有沒有社會功能方面的障礙，例如學習上有沒有困難、和同齡的朋友能不能正常相處、做事是不是總是衝動、情緒常常不穩定。

    過動症兒童行為特點，如圖 1-3 所示。

1.2　原諒我，我有注意力不足過動症（ADHD）

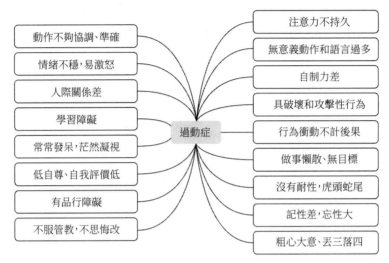

圖 1-3　過動症兒童心理行為特點

　　如果孩子出現上述情況，就可能是得了過動症。但這個標準並不絕對，家長一旦懷疑孩子可能是過動症，一定要帶孩子到大醫院，找專業的醫師做客觀評估。

　　兒童注意力不足過動症在歐美國家已經受到廣泛關注，患者在學校有專業老師和相應的特殊照顧，而在亞洲國家目前的教育體系中對這部分仍是不足。

　　過動症多呈慢性過程，症狀持續多年，甚至一輩子存在。約 70％的兒童患者症狀會持續到青春期，30％的兒童患者症狀會持續一生。

　　更甚的是，因為孩童時期的忽略，會導致成人後無論在工

作表現、日常生活還是人際關係的互動上都會產生困擾，以至於陷入自信心不足、挫折、沮喪、不明的脾氣暴躁，甚至導致憂鬱症（depressive syndrome）。

另外，繼發或共患破壞性行為障礙及情緒障礙的危險性也提升，成年期物質依賴、反社會人格障礙（Antisocial personality disorder, ASPD）和違法犯罪的風險亦可能增加。被診斷為過動症的兒童患者如果不儘早治療，在成年期可能出現人格障礙甚至犯罪等反社會行為，對患者學業、職業和社會生活等方面會產生廣泛而負面的影響。

1.2.3　兒童過動症的成因

兒童過動症的形成有以下多種原因。

1・遺傳因素

透過雙生子研究（Twin Study）、家庭研究發現過動症是遺傳性很高的疾病，遺傳度為 0.76，過動症兒童的父母一方往往也有過動症。如圖 1-4 所示。

24%

76%

■ 過動症遺傳度

圖 1-4　過動症遺傳度

2‧神經解剖和神經傳導物質異常

大腦的影像資料證實了兒童患者與認知和注意力活動相關的腦區體積減小，血流減少。多巴胺（dopamine）、正腎上腺素（noradrenaline）和 5- 羥色胺（5-hydroxytryptamine）這三種神經傳導物質（neurotransmitter）減少或功能失調。

3‧神經發育障礙

過動症兒童常有行為幼稚、精細動作笨拙、閱讀及書寫困難、語言發育遲緩等表現，45%～ 90% 的過動症兒童患者有腦電圖（Electroencephalography, EEG）異常。

4‧環境和社會心理因素

母親懷孕期間有接觸菸草、酒精、化學毒素或經歷難產（dystocia）、早產（preterm birth）、剖腹產（Cesarean section），或是孩子出生體重過低、患腦性麻痺（cerebellar palsy）、腦炎（encephalitis）、癲癇（epilepsy）、頭部外傷（head trauma）等。

不良環境家庭：父母有精神病史或物質依賴史、父母離異或家庭氣氛緊張、父母受教育程度低或經濟能力差、居住環境過小。

不良的教養方式也是誘發過動症的原因，例如暴力家庭中的兒童。

1.2.4　兒童過動症行動指南

心理學上說，每一個孩子的行為背後，都隱藏著他們的心理需求。對孩子真正有效的幫助、正規的治療需要家長、老師、醫事人員和社會的參與。

1‧如何讓孩子自己冷靜下來

（1）讓孩子正視自己的與眾不同

一個人的思想決定了內心的感受和反應，要轉變孩子的過動行為，必須讓孩子對過動行為有一個正確的認知。

當媽媽告訴 8 歲的亮亮，他患有注意力不足過動症時，亮亮終於安心了。這有助於解釋為什麼他在學校那麼努力，卻始終趕不上其他同學。

學會接受是過動症兒童患者和父母應該學習的第一堂課。

1.2 原諒我，我有注意力不足過動症（ADHD）

當孩子能夠正視自己的與眾不同時，他就不會對自己有過多的批判和責怪，這能讓他們從另外的角度審視自己的失控行為，有助於緩解症狀。

幫助孩子了解到過動行為的危害性，意識到自己的行為是不對的，從思想根源上讓他們知道應該怎麼做，並加強克制過動行為的自覺性。

（2）幫助孩子審視自己的優勢和缺點

每天我們都有機會以自身優勢或弱點來定義自己。

一個患有注意力不足過動症的孩子，每天都很努力的學英文，可是他的作業簿上還是充滿了紅色的大叉叉，他逐漸開始覺得自己很笨，什麼事情都做不好。

如果你是這個孩子的父母，當你看到他的成績單時，你會怎麼做呢？

如果你直接問「你為什麼這麼笨？」、「你怎麼連這麼簡單的題目都會做錯？」會怎樣？

你的話會讓孩子用最糟的標籤來定義自己，會讓他們掉入自卑的深淵。

過動症的孩子對於負面訊息的接收會比正常孩子更敏感、更焦慮。

因此，過動症孩子的父母和老師更該問些正面的問題。例

如：「你做對了哪些題目？」如果孩子的數學成績比英文成績好一些，就要問他：「你數學怎麼這麼好？你是怎麼做到的？」

（3）幫助孩子確認並表達他的感覺

控制注意力不足過動症的最佳方式是提升感覺的能力，說出自己的感覺，越能表達當時的感覺就越能應對它。

7 歲的小東 5 年內換了 4 所學校，每所學校，他都經歷了衝突與挫敗，他沒有辦法讓自己在課堂上專注聽講，他不停做出的小動作影響到其他的同學，每個老師都只好請小東父母讓他轉學。

當孩子的父母帶他找到我的時候，我讓他想像一下最近一次寫作業時的情景。

我問他：「當你試圖開始寫作業那一剎那，你有什麼感覺？」

小東低下頭，想了想，然後說：「我感覺心裡很不安，好像我不該寫作業。」他咬了咬嘴唇，接著說：「我感覺……很難受。」

隨著他說出這些感覺，我幫他意識到這些就是他不能專注的情緒阻力。接著我教他學習深呼吸放鬆，每當類似的感覺出現時，想像自己所經歷的感覺就像波浪，讓這些波浪隨著呼吸緩緩的消散。

1.2 原諒我，我有注意力不足過動症（ADHD）

2‧如何改善行為

(1) 注意自己何時會感到過動

用正念幫助孩子觀察自己的行為。

所謂正念，就是退一步觀察自己的行為，不做判斷或批評，越留心自己的過動程度，就越有機會讓自己冷靜下來。

選擇一個能坐下來或者躺下來的安靜地方，讓孩子調整姿勢，使頭和背挺直，並使用「緊」、「鬆」、「沉重」、「溫暖」這類詞描述自己注意到的感受。

從頭部開始，留意頭皮、眼睛、鼻子或嘴是否有任何緊張的感覺，只要注意這種感覺，不要以任何方式做判斷。向下移動注意力，通過脖子、肩膀、手臂和手，掃描胸部和腹部，再向下經過骨盆和臀部，最後到腿和腳。

掃描完成後，寫下感受。這種練習可以讓孩子更容易感受身體上的每個部位，當感到任何過動的跡象時，就可以很清楚的描述過動部位。

(2) 透過簡單、固定、明確的指令來培養自控力

家長要學會對孩子發出「有效的指令」，當他們做錯的時候，不是簡單的制止，而是要明確指出他們應該怎麼做。

在指導他們完成任務的時候，可以透過一些簡單、固定的自我心理命令讓孩子學會自我行為控制。

　　例如，出一道簡單的題目讓孩子解答，要求孩子在回答之前完成以下三個動作：停 —— 停止活動，保持安靜；看 —— 看清題目；聽 —— 聽清要求，最後才開口回答。

　　這樣簡單、固定、明確的指令同樣也適合孩子的一些衝動性行為。

　　例如，當孩子過馬路時，要求他在過馬路之前要完成停、看、聽等一系列動作。

　　所有的動作命令均來自孩子內心，所以一旦動作定形，他們的自制力就能提升。

　　我們要注意訓練順序，任務內容應由簡到繁，任務完成時間應由短到長，自我命令也應由少到多。

　　(3) 告訴孩子當感到自己做不到時，要學會聆聽

　　對於過動症的兒童，傾聽別人說話很困難，透過訓練每次不間斷的聽 5 分鐘能夠發展聆聽能力。

　　嘗試在 5 分鐘的時間裡，練習全神貫注地聽一個人的講話，可以建議孩子假裝自己是名偵探，在他聽別人說話的時候，找出五個 W，Who（誰）、What（什麼）、Where（在哪）、When（何時）、Why（為什麼）。

　　讓孩子挑戰自己找出這些細節，就像是要向某人報告這些內容，而不是厭煩的聽別人講話。

1.2 原諒我，我有注意力不足過動症（ADHD）

這樣訓練之後，在課堂上，當老師教課並出作業時，孩子就不再走神了。

3‧如何自我管理

(1) 變得有條理

患有注意力不足過動症的兒童，通常很難做到有條理。

但是有條理可以透過刻意的練習來改變。像一個摔斷了腿的人可以使用拐杖一樣，過動症兒童可以使用工具來幫助他們。

璐璐不會管理日常安排和任務，她常常忘記交作業的時間、考試的內容。她的母親教她使用清單來安排她的日常和任務清單。

剛開始，10 歲的璐璐覺得列清單太難了，而且很乏味。但是母親告訴她，只要投入很少的精力就能解決大部分問題。在母親的鼓勵下，璐璐學會了列清單，並能夠輕鬆安排自己一天的行程。

同時，可以嘗試讓孩子每天花 15 分鐘的時間，回答下面的問題：

本週都有什麼重要的課程？

今天上學需要帶什麼？

今天的學習計畫是什麼？

我完成昨天的學習計畫了嗎？

透過計劃每天該做的事，可以讓孩子變得更有條理。

(2) 反擊「做不到」，建立自信

有些患有注意力不足過動症的孩子會說出一些自我懷疑的話。

例如：我無法像其他同學一樣用功、我無法在課堂上集中精神、我無法完成老師出的作業……

在對自己說「做不到」的時候，孩子積極性就降低了，並不願意對自己的生活負責。

鼓勵孩子注意到自己要說「做不到」的時候挑戰自己，他可以改變要發生的事。

嘉嘉在一年級的時候，成績始終在班級的平均以下，他對自己說：「我當不了一個好學生。」他的老師要他想像一下：如果有另一個人跟你說自己當不了好學生，你的反應是什麼？

嘉嘉想了想說，我會告訴他，如果用功讀書就會做得更好。

嘉嘉在老師的幫助下開始確立目標，他發現還有很多其他的「做不到」。他認為「我沒辦法讀書超過半個小時。」他與老師一起挑戰這個想法，結果他做到了，他甚至還讀了3個小時。

嘉嘉透過習慣於挑戰「我做不到」的信念，每日記錄和控制自己行為的改變，最終提高了成績。

1.2 原諒我，我有注意力不足過動症（ADHD）

(3) 在興趣中培養專注力

患有注意力不足過動症的人，都有他們獨特的興趣和熱衷的技能。因此要讓他們參與到自己喜歡的活動中，發揮他們的特長，使他們在感興趣的工作、學習和活動中找到專注力。

很多人會建議過動症孩子去練書法、鋼琴、下棋等靜態的課程。可是對孩子而言，越是限制他動，他會越過動，動夠了必然有靜的過程。

事實上，很多 ADHD 患者在體育方面有超乎常人的成就。與常人不同的是，他們不會因運動而感到疲勞和睏倦，反而感到精力充沛。

有人說，熱情與目標的結合點就是你的甜點，如果能在生活中找到甜點，就能獲得成功。

過動症孩子，並不是折翼天使，只是隱藏的天使。

我們要給予他們足夠的愛和支持，讓他們強壯起來，最終得以在天空中翱翔。

終有一天，孩子會長大，他會戰勝自己，成為一個了不起的人。

對此，我們從不懷疑，只是我們知道，我們都還需要努力。

1.3　我是敏感的小蝸牛，請讓我慢慢長大

在成長的路上，敏感的孩子就像小蝸牛，渴望被看見，因為那多出的小觸角只有被看見才有連結，才能感受愛。

1.3.1　那個慢熱的小蝸牛

「暖暖媽媽，家長會結束後，您能留下來一下嗎？」

參加女兒轉學後的第一次家長會，女兒的班導對我說。

我有點忐忑，暖暖今年上幼稚園大班，她剛轉到一家新的幼稚園，才上了一個月的時間，會有什麼情況呢？

「可能會耽誤您比較長的時間……」老師接著說。

心神不定的等到家長會結束，又眼巴巴等到老師耐心的為每個有疑問的家長解說完，終於輪到我。

剛吃過晚飯的暖暖也被老師帶過來等我。

「唉，你們家孩子的問題很大呀！」

對一個剛轉到新環境的 5 歲的孩子，急於做出這樣的定論是不是有點為時過早呢？聽到老師這麼說，我本能的牴觸。

我回頭看了暖暖一眼，她顯然聽到了老師的話，怯生生的躲到我身後，我有點心疼。

我覺得讓孩子繼續聽下去很不妥，就讓她出去玩一會兒，暖暖有點不情願，但還是聽話的出去了。

1.3　我是敏感的小蝸牛，請讓我慢慢長大

「您能具體說一下嗎？」看到女兒離開後，我耐著性子想聽聽老師怎麼說。

「她上課完全不配合，不管讓她做什麼，她都跟沒聽見一樣。」

「其他小朋友畫畫至少都能交個作品上來，你們家孩子就交白卷，老師把著她的手她都不肯做。」

「早上進教室，其他小朋友都知道自己放東西，洗手去吃早餐，你們家這個就知道呆呆的站在那裡，等著老師來幫忙，老師不幫忙就一直背著書包站著不動。」

「游泳課，所有小朋友都會自己換衣服，就是你們家這個一直拖拖拉拉到最後。」

「其他一起轉學過來的孩子都適應得很好，怎麼就你們家這個……」

伶牙俐齒的老師一股腦兒全倒了出來，幾乎沒給我喘息的機會。

「李老師，暖暖屬於敏感慢熱的孩子……」

「那也太慢了吧！」沒等我解釋完，老師就搶先說道。

我注意到，暖暖不知什麼時候又溜進了教室，一個人拿著粉筆在黑板上畫了好多手拉著手的小人，我走過去問她：「暖暖在畫什麼呀？」

「媽媽，我在畫以前幼稚園的朋友。」

看到老師也走了過來，暖暖小聲對老師說：「老師，這是我畫的，是以前幼稚園的朋友。」看得出來她一定是聽到老師說她不動手的事，在努力討好老師。

「哦，我看到了。暖暖媽媽，妳看她在課上就是不動手……」可惜老師只是敷衍了一句，接著就當著孩子的面跟我抱怨。

「暖暖畫得真好，媽媽覺得你很棒哦！」我顧不得老師說什麼，便湊到孩子面前誇獎她。

女兒顯然對老師的回答有些失落……

1.3.2　敏感孩子的特徵

通常來說，敏感的人對於環境的變化會有比一般人高出數倍的反應，因為高敏感的族群是那種天生對細節捕捉敏銳的人，對於每一個變化，他都要經過深入的思考。

暖暖是一個敏感的孩子，這一點我早就觀察到了，高敏感的族群，無論成人還是孩子普遍都具備以下幾個特徵。

1‧極度聰明，擅於深度思考

暖暖還不到四歲的時候，有一天對我說，媽媽你知道嗎？我腦袋裡有兩個小人，我在遇到問題的時候，他們會告訴我答案，有時候兩個小人還會打架。

當時我很震驚，這不是佛洛伊德（Sigmund Freud）精神分析中的「本我、自我與超我」概念嗎？也許是從哪裡聽過這個概念，不過顯然她對資訊進行了自己的思考和加工。

2・超強的同理心，有時甚至過了頭

同理心（empathy）又被稱為情緒高回饋，即對他人的情緒做出反應。

很多時候我們鼓勵孩子要學會同理心，但對於敏感的孩子，他們的同理心有時會有點過頭。

比如在體察他人情緒變化方面，他們可能會過於關注別人對自己的看法，在自我的決策方面表現出猶豫不決、選擇焦慮，而在外人看來就是慢半拍。

3・謹慎，對環境的變化敏感

敏銳的孩子對環境變化的反應異於常人，對於新環境，他們需要時間仔細的觀察，例如每一件新東西、每一個新變化甚至每一個遇到的人。

女兒剛進入新幼稚園，每天回來都會跟我「匯報」。

「我發現這個幼稚園的滑梯跟以前的不一樣，它有三個出口，而且還有兩層啊！」

「飯菜要自己去找老師領，不然就吃不到。」

「毛巾都是粉色的，為什麼男生也要用粉色？」

......

高敏感的孩子不是適應能力差，他只是在仔細觀察，如果被催促、被打斷，他會很沮喪並感到不知所措。

1.3.3　為什麼有些孩子會很敏感？

1 · 天生的敏感體質

美國心理學家依蓮 · 艾倫（Elaine N. Aron）在他的《孩子，你的敏感我都懂》（The Highly Sensitive Child: Helping Our Children Thrive When The World Overwhelms Them）一書中告訴我們「高敏感人士」（Highly Sensitive People, HSP）是真實存在的。

Elaine 從上千個採訪樣本中估算出：敏感族群占總人數的 20％，而這些敏感的人當中有 80％都出生在一個「不敏感」的家庭中，也就是說，敏感的孩子並不是遺傳來的。

2 · 依賴心理較強

一些孩子從小在家適應了飯來張口，衣來伸手的生活方式，在進入社交場合時，抗壓的能力相對較差，導致面對環境的變化表現出畏難情緒。

3‧家庭親密關係不夠和諧

　　孩子在幼年家庭生活中，對父母的依賴非常大。如果父母之間關係不和諧，經常吵架或冷戰，孩子內心深處會缺乏安全感，慢慢地演化成內在的恐懼，在面對陌生的環境時，表現出害羞、不自信。

1.3.4　關注我們的小蝸牛

1‧全然接納敏感的孩子，允許他們慢半拍

　　敏感的孩子有顆脆弱的內心，他們容易把感受悶在內心，對感興趣的事情會非常專注，有完美主義傾向，又很在意自己不被他人接受。

　　有一次女兒回家對我說：「媽媽，你知道為什麼老師問我問題我不回答嗎？因為我害怕。」

　　我問她是害怕出錯嗎？

　　她點點頭。

　　養育敏感型孩子，要特別注意給他們無條件的接納和安全感，要小心保護他們脆弱的心靈，我們要耐心傾聽和積極引導他們的情緒表達。

　　在人際交往中，他們害怕別人發現自己的不完美，從而不

合群，所以不能勉強他們盡快融入集體，要允許他們慢半拍。

2‧性格沒有好壞之分

　　每個孩子認識世界的方式各不相同。身為父母不要想要去控制、去改變，只能去關注、去接納。接納不同性格的孩子，我們也就能更加接納自己，接納世界。

　　要學著給予孩子無限的信任和支持，如果我們過度擔心，就會將自己的不安情緒帶給孩子，而當我們放手的時候，用祝福的正能量推動他們，這才是孩子真正需要的。

3‧無條件的愛，不斷的心靈滋養

　　(1) 安全感對於敏感的孩子非常重要。

　　只要有機會，我一定會毫無保留地表達我的愛。跟孩子在一起時，我會跟她一起玩彩色黏土、聽她講故事、給她大大的擁抱及真誠的鼓勵和專注的傾聽。有品質的陪伴能夠給予孩子安全感。

　　(2) 情緒疏導。

　　女兒每次遇到不滿就會採取消極抵抗的態度（生悶氣）。比如做手工藝時，對作品很不滿意，她會把彩色黏土都扔在一邊，你問她的時候，她會說我根本就不喜歡做。我不要再做了。這時候我會跟她說，你是不是有點不開心啊？如果你覺得

不開心，你大聲說出你的不開心好嗎？幾次下來，孩子就會學會釋放情緒而不是生悶氣。

（3）鼓勵孩子自己做決定。

敏感孩子由於思考過度，會產生決策焦慮。女兒的老師曾提到：「每次發禮物給小朋友的時候，輪到暖暖選，她就會很焦慮，最後說你幫我選或是我不知道選哪個……」

現在我只要帶她去超市買東西，我都會鼓勵她自己做決定買什麼，只要是她選的，我都會全盤接受。父母的肯定是對孩子最大的鼓勵，孩子的成長過程也是父母學習完善自己的過程。

1.3.5 敏感的小蝸牛，讓我陪你慢慢長大

那天從幼稚園出來，暖暖問我：「媽媽，老師說我什麼了？」

「寶貝，李老師說你表現得很棒呢！只要我們每天改變一點點就會更棒了！」我跟女兒說。

暖暖開心的笑了。

接下來的幾天裡，我時常跟老師聯繫，把女兒的興趣、習慣及時與老師溝通，白天在幼稚園學不會的東西，拿回來跟她一起學。

我一點都不擔心，因為我知道，那個慢吞吞的小蝸牛，需

要的只是時間，卻從未停止成長的腳步⋯⋯

1.4　化解自卑的唯一出路

「許多人照鏡子時，希望自己有另一個體型，那不是真的你，你只是想成為別人期望的樣子。」

——力克・胡哲（Nick Vujicic）

在網路上看到一則報導，英國一個溫暖有愛的孩子，名叫 Camden，是個先天殘疾無四肢的 3 歲男童。雖然沒有四肢，但他會用短短的手臂喝水、吃飯、讀書、畫畫⋯⋯

他甚至能幫媽媽照顧弟弟妹妹，弟弟的奶嘴掉了，他用身體配合嘴把奶嘴送到弟弟的嘴裡，這段影片被上傳到網路上，網友們瘋狂瀏覽、轉發，這個溫暖有愛的小男孩用他天使般的微笑征服了全世界。

除了身體上的殘疾，我看不到他與其他的孩子的區別，我反而看到了他超越正常孩子的樂觀和自信。那純淨而陽光的笑容，有誰能不為之感動呢？

曾有個年輕的女孩留言給我：

老師，我小時候大腿意外燙傷，痊癒後腿上留下了一個大疤痕，我變得非常自卑，不敢穿膝蓋之上的裙子或褲子，怕傷疤露出來被人指指點點或恥笑。

她不敢與男生接觸，遇到喜歡的人也不敢表白，生怕他們看到腿上傷疤而嫌棄她。

最近有一個男生向她告白，女孩對男孩的印象也不錯，可是因為傷疤，她異常焦慮，甚至跑到醫院諮詢除疤手術，由於疤痕太深，手術過程會很痛苦，效果也不一定好，醫生並不建議動手術。

得知這個消息後，她更焦慮了，別無他法之下，她向我求助。

看了女孩的留言，我感慨萬分，跟前面的小男孩相比，她已經算是比較幸運了，至少她有健全的四肢，除了身體上的小瑕疵，她與一般人無異。

可是跟那個陽光燦爛的小男孩相比，她卻生活得如此自卑、如此痛苦。

影響自卑心理的因素

心理學界普遍認為人的自卑感是從小就培養出來的一種心理情緒，成年階段的自卑感也是由兒童期養成的某種心態習慣。

幼年時期來自父母的愛有不可低估的作用。

1 · 嬰幼兒時期的需求感

從英國小男孩 Camden 的經歷中，不難看到他的父母給予他的愛的滋養。發展心理學認為，嬰幼兒時期，需求感不滿足

的孩子，內心會產生不安全感，成年之後，安全感的匱乏會衍生出對自我懷疑和自卑。

越來越多的人意識到，嬰幼兒時期撫觸、擁抱對性格的養成至關重要。

2·童年時期的認同感

還記得那個長著「小雞腿」的力克·胡哲吧？一個天生沒有手沒有腳卻自信得發光的人。這個影響全世界的勵志演說家，他的成長經歷跟父母的關愛密不可分。

1982 年 12 月 4 日，胡哲出生於澳大利亞墨爾本。他天生沒有四肢，只有左側臀部以下有一隻帶著兩個腳指頭的「小腳」。儘管身體殘疾，但父母並沒有放棄他。

胡哲的父親是一名工程師，母親是一名護士。他們像對待普通孩子一樣愛他、培養他，在他六歲時，父親教他如何用僅有的「小雞腿」打字。而母親則為他特製了一個塑膠裝置，好讓他學會「握筆」寫字。八歲時，胡哲的父母把他送入小學。

3·幼年時期父母的陪伴

我詢問了留言給我的那個女孩的經歷，她的原生家庭有著嚴重的重男輕女的觀念，她還有一個姐姐，父母為了生男孩，雙雙離開家去外縣市工作，把她和姐姐都留給了年邁的奶奶，一年勉強能見到父母一面。三歲時，她調皮爬上桌子玩，結果

打翻了熱水壺，一壺燙水澆在了腿上。

女孩的自卑感與童年父母關愛的缺失，有著莫大的關係。

幼年時期因缺少父母關愛所帶來的自卑感會一直延續到成年。在潛意識裡，缺失的愛變成內心深處的「不值得愛」。

許多人試圖用努力變得更優秀來拯救內心深處的自卑感，卻發現優秀並不能治癒自卑，反而是越優秀越害怕自己不夠優秀。

有位心理學家曾說：「無論一個人看上去是多麼的優秀，他們的自卑與惶恐和別人實質上都無兩樣。」

換句話說，優秀並不能化解你的自卑，化解自卑的唯一出路只有自我認同（self-identity），讓自己相信自己「值得愛」。

因為自我認同，力克能夠克服身體上巨大的缺陷，對著全世界高呼：「人生不設限」、「沒手沒腳沒煩惱」。

因為自我認同，出身卑微的女家庭教師簡‧愛，可以對傲慢的男主人說，「我和你有一樣多的靈魂，一樣充實的心。如果上帝賜予我一點美，許多錢，我就要你難以離開我，就像我現在難以離開你一樣。我現在不是以社會生活和習俗的準則和你說話，而是我的心靈與你的心靈講話。」

打敗自卑的鑰匙，從來不在別人身上，也不在客觀的物質上。哪怕再多的異性喜歡你、再多的金錢、再高的地位、再多的人稱讚你，又或者你變得再優秀，也依舊會自卑，所有的一

切人、事都無法根治你的自卑，除了你自己。

　　好好抱抱那個沒有被完整愛過的自己，哪怕沒被好好愛過、好好對待過，也不代表你不值得被愛。你要相信，自己就是最值得被愛的，這才是徹底化解自卑的唯一辦法。

1.5　撒謊的小孩更需要愛

　　孩子撒謊一定是父母給孩子製造了一個不撒謊活不下去的理由。

1.5.1　奇怪的謊言

　　最近一位朋友擔心的跟我談起關於孩子撒謊的事情。

　　那位朋友是再婚媽媽，她與前夫有個孩子，小男孩今年 8 歲，上小學三年級。

　　幾天前，孩子跟她說自己在學校和兩個同學打架，其中一個同學勒了他的脖子，並且說老師已經罵了那個孩子，還罰他抄課文。

　　朋友認為雖然老師已經處理了，但是勒脖子的事畢竟很危險，還是應該跟老師溝通一下，於是就打電話給老師，沒想到老師居然說根本沒發生這件事。

　　孩子的媽媽很不解，孩子為什麼要說這種謊呢？

1.5.2 孩子為什麼會撒謊？

很多父母一提到孩子撒謊就彷彿如臨大敵，好像孩子撒謊是變壞的開始。然而事實上說謊是孩子發育成長的一部分，與品格無關。

多倫多大學兒童教育研究所對 1200 名 2～17 歲的兒童及少年進行了實驗（如圖 1-5 所示），最後發現，無論性別、國籍，2 歲孩子中，說謊的人占了 20%；3 歲的孩子中，說謊的人占了 50%；4 歲的孩子超過 80% 都有說謊現象，年齡越大比例越高。

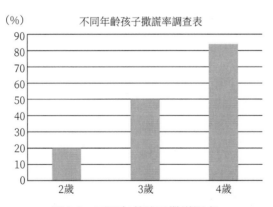

圖 1-5 不同年齡孩子撒謊調查

所以當你發現 2 歲的孩子開始說謊，不要驚慌，你應該慶幸，這意味著你的孩子進入了典型發展的新階段。

孩子在 6 歲之前，會分不清現實和想像，這時候的說謊被

稱為「無意說謊」。

而 6 歲以後多數情況是「有意說謊」，有意說謊會因為每個孩子撒謊的動機而不同。

當我們剝開表象時，會發現背後隱藏的心理原因，而這些原因都與家庭的教育方式密不可分。

1‧過高期待背後那脆弱敏感的心

脆弱敏感的孩子通常都很聰明，說謊需要孩子具備兩種能力：讀心術和自我控制。

「讀心」是指孩子必須判斷出他在什麼情況下才可以說謊。

「自我控制」是指孩子必須控制言談和面部表情，還需要控制肢體語言。

敏感的孩子善於察言觀色，他們能從他人（特別是父母）的言行中推測出一個人的好惡。父母表現出任何不滿，都會被敏感的心捕捉到，他們會刻意隱瞞或者掩飾不當的行為，以期達到父母的要求。

我的兒子是典型的處女座，天生敏感內向，他在學校的社團拉二胡，剛上四年級的時候，一度被學校的 A 團（正式演出團）錄取，我們當時都很高興，因為想要被 A 團錄取都需要經過測驗，要很優秀才有辦法通過。

國慶日過後，學校樂團有場演出，我一直都以為他會參與

演出，結果表演當天，他跟家裡說演出取消了，便去正常上課，後來在 facebook 看到其他家長上傳的表演照片，我才知道他並沒有資格參與演出，因為他被從 A 團降級到 A 團預備。

我知道他是怕我們失望才隱瞞了實情。

敏感的孩子能準確的揣測父母在某些方面的期待值。比如成績不好偷改分數的孩子，可能是因為父母對成績期待過高，忽略孩子的努力，孩子努力無果後為了不被父母罵，被迫選擇說謊……

2‧「內心匱乏」背後那顆缺乏安全感的心

我上小學的時候班上一個女同學，家裡條件還可以，可是父母常以勤儉節約教育孩子，物質上控制的非常嚴格。

那個女同學從小喜歡布娃娃，可是她只能玩姐姐小時候玩剩下的缺手斷腿、破破爛爛的布娃娃。她多次跟母親提及想買個新的布娃娃，卻總是被母親拒絕，母親認為這是浪費。

女孩實在很想要一個布娃娃，一有空就跑去商店的櫥窗看，每每都沮喪而歸。後來她以交學費為名欺騙父母，終於買了心儀的布娃娃。

我們常說要給孩子一個豐富的人生。其實很簡單，聽見孩子的欲求，及時回應，即使沒有能力也要給予誠實的回應，同時無條件的給予。

內心的匱乏會讓孩子缺乏安全感，為了填補欲望帶來的不安，她會想辦法去獲得，或偷或騙甚至去搶。

3・幻想背後渴望被關注的心

文章開頭提到我朋友的孩子，4 歲時父母離異，孩子被判給母親，母親再婚後生下了妹妹。繼父以前沒有跟孩子相處過，一下子接觸正處在成長叛逆期的男孩，覺得非常不適應，一度跟男孩的關係非常緊張，兩個人在家裡見面形同路人。儘管母親給予男孩很多的關愛，無奈晚出生的妹妹仍占去大部分的時間和精力。

他在跟母親的描述中，提到老師替他懲治了施暴的同學，其實是來自他內心的幻想，渴望被關注。

4・逃避責任背後那顆不勇敢的心

很多孩子出於好奇不小心弄壞了家裡的東西，怕父母懲罰被迫說謊。

有人說「父母越嚴厲孩子越容易撒謊」，不無道理。

哲學家羅素（Bertrand Russell）曾經說過：「孩子不誠實幾乎都是恐懼的結果。」

很多時候父母越是不分青紅皂白嚴厲的懲罰，孩子越愛撒謊，並且一次比一次嚴重。在父母的逼問下，很多孩子會「就範」，跟著父母期待的方向，撒一個謊。

1.5.3　請善待每一個犯錯的孩子

撒謊的孩子更需要愛，更需要父母的尊重。

很多時候，我們發現孩子在成長過程中越來越偏離正軌，有時候只是因為早期的錯誤沒有得到正確的引導。

1·請不要給孩子亂貼標籤

很多父母在發現孩子撒謊的行為時，急於給孩子貼標籤，生怕孩子不知道「撒謊」這件事有多嚴重。

然而從心理學角度來說，潛意識無法分辨否定的說法。一味強調「不要撒謊」，就相當於把「撒謊」的概念一次次植入孩子的潛意識中，從而強化孩子說謊的行為。

同時當犯錯的孩子承認錯誤時，應給予表揚，這是正向的強化，比如：「我很高興你能告訴我真相。」，同時你也要讓他明白，說實話並不意味著他所犯的錯是被允許的。

2·世界上有從沒撒過謊的人？

說謊源於人的心理防衛機制（Defence mechanism）。

有資料統計，普通人在 10 分鐘的對話中平均撒 3 個謊，這樣看來我們每天都生活在謊言之中。

在成人的世界裡，我們會把所說的謊言用很多理由合理

化。有好面子的,有說善意謊言的,也有吹牛騙人的。

既然我們每天都在說謊,為什麼不能善待孩子的謊言呢?在孩子的認知世界中,他也需要各種理由讓自己的某些行為合理化。

身為家長,我們更應該做的是給予理解和正確的引導。

3.控制好自己的情緒,耐心聽孩子說謊的原因

孩子說謊的一個主要原因是為了避免父母的憤怒。當然,他們不想惹上麻煩,但他們也非常非常不希望看到你難過。

盡量控制自己的脾氣,鼓勵孩子說出真相。如果他們的實話換來的是父母的失望和沮喪,那麼你認為他們下次還會說實話嗎?

或許應該告訴我們的孩子,不要去欺騙別人,因為你能騙到的人,都是相信你的人。

1.6 我再也不想上學了

「厭惡學習」是青少年最普遍的心理障礙之一。這種心理障礙所表現出來的對學習的疏離及行為上的消極令無數家長無所適從。

1.6.1　放棄學校的孩子

前幾天，同學聚會，席間大家發現平常聚會中的活躍分子
——濤竟然沒有到場，幾個同學紛紛掏出手機打電話給他，問
他什麼情況，向來場場不落的他，這次居然放大家的鴿子。

電話接通了，濤不停的向大家道歉，說家裡有點事，暫時
離不開孩子。聽他這麼說，我們更詫異了，濤的孩子都 13 歲
了，怎麼還會像沒斷奶的孩子一樣離不開父母？幾個關係好的
朋友對他不依不饒：「怎麼了？到底怎麼回事？快跟大家說說。」

濤不得已，支支吾吾的跟大家和盤托出。

半年前，濤剛上國中的兒子突然跟父母說再不去上學了，
要父母不要逼他，否則他就去死。

全家人慌了，發動親戚上上下下前來勸說，孩子卻鐵了
心，任憑別人好說歹說、苦口婆心、軟硬兼施，就是不肯
去學校。

濤說，這一個學期，孩子就整天在家打電動，白天夫妻
倆上班，怕孩子出事，就把他送到爺爺奶奶家照顧，下班再
接回來。

這大半年的時間，濤和妻子心力交瘁，任何招數都無能為
力，只要一提到上學，孩子就拒絕任何交流，再深入一點，孩
子就說要尋死。

濤形容自己每天的生活如同煉獄……

1.6.2　不可小看的潛意識性厭惡學習

據調查發現，有 46％的學生對學習缺乏興趣，33％的學生對學習表現出明顯的厭惡，真正對學習持積極態度的僅有 21％。「厭惡學習」在中小學學生群體中，是種普遍現象。（如圖 1-6 所示）

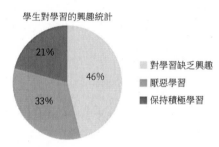

圖 1-6　學生學習興趣調查統計

在我接觸的案例中，年齡小的有小學一二年級的孩子，大的到高中即將考學測的孩子，各個年齡層的孩子都存在不同程度、不同表現形式的厭惡學習現象。

像我同學濤的兒子這種「棄學」的案例，屬於所有厭惡學習案例中比較極端的例子，但它卻不是一朝一夕形成的。

心理學的研究者先後對上千名學生，一個一個地進行追蹤實驗研究，發現這些中小學生的厭惡學習行為，最初都是一種

潛意識性的情緒反應，是一種「心」不由己的強迫性反應。

1・何為潛意識性厭惡學習？

潛意識性厭惡學習又稱潛意識條件性情緒反射性厭惡學習，是指學生在認知上、觀念上沒有厭惡學習的思想，卻由於一種潛意識的條件性情緒反射，導致其表現出厭惡學習行為，即非意志性厭惡學習行為。

潛意識性厭惡學習的學生在意識上能夠發現學習對自己的重要性，但在學習過程中卻出現強迫分心、注意力不集中、拖延、學習動機不足等現象，甚至出現心因性障礙症（psychogenic disorder），比如一上學就胃痛、肚子痛。

經常聽到一些家長抱怨，跟孩子說讀書的重要性啊，要多花時間念書啊，說什麼都懂，但就是一到要學習的時候就完全沒有動力。

2・潛意識性厭惡學習到底是如何產生的呢？

從心理學的角度來看，潛意識性厭惡學習的孩子是情緒出了問題，如果孩子每次想到學校、想到老師的時候，都跟潛意識當中的負面情緒連繫起來，那麼孩子勢必會厭惡學習、憎恨學習。

（1）畸形的育兒文化

近幾年厭惡學習有一種低齡化的趨勢。

原先厭惡學習是到高三厭惡學習或是基測前 —— 國二的時候蠻普遍的。現在已經提前到了小學一二年級，越來越低齡化。

家長變得越來越焦慮，在孩子的教育上不遺餘力的投入、再投入，但是，多數父母沒能得到種瓜得瓜，種豆得豆的因果效應。只有少數家長培養出了愛學習、成績好的孩子，多數家長感到失望，還有不少家長得到的是相反的結果 —— 孩子不但厭惡學習甚至棄學。

每當我看到幼稚園發的才藝班報名表上各種令人眼花撩亂的課程時，我都不由得暗自感嘆，也許不久的將來我的來訪者中就會有「厭幼稚園」的個案了。

圖 1-7 所示的是學生時期問題調查統計。

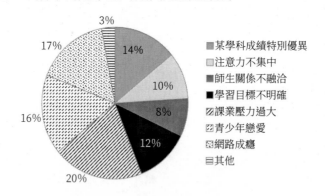

圖 1-7　學生常見問題調查

1.6　我再也不想上學了

(1) 小學低年級，不斷被打擾的注意力。

記得有位小學一年級的家長跟我說，孩子 6 歲 5 個月，在學校裡不聽老師的話，在課堂上不守規矩，到處走動影響其他同學上課。老師建議家長帶孩子去醫院檢查注意力的問題。

我問孩子的父親：「孩子平時喜歡做什麼？」

父親說：「喜歡看動畫、打遊戲。」

我接著問他：「看動畫、打遊戲的時候專注嗎？」

父親說：「專注啊，誰叫都不理。」

聽他這麼說，我便可以判斷，孩子的注意力是沒有問題的。

那天，孩子是跟他一起來的，父親跟我說話的時候，孩子坐在一旁低頭看影片，看到我觀察孩子，他連忙推推身邊的孩子：「快跟阿姨打招呼」，見孩子沒有動，他又大聲說：「別看了，把手機收起來，你都看多久了！」、「阿姨問你話，你要回答啊！」……

短短幾分鐘的時間，孩子已經被打斷無數次。

試想如果你在專心做一件事情，旁邊有人不停打擾你，你會有什麼感受？

曾經一位心理學者說過：「孩子的注意力不需要培養，不去打擾就好。」

集中注意力是一件需要消耗能量的事情，如果家長總是不

斷打擾，孩子的注意力遲早會被消耗殆盡。

　　同時過多的指導和建議會讓孩子覺得自己沒能力，無形中降低了孩子的自尊和自我思考的能力。

　　(2) 強制糾正小學生「叛逆」的後遺症。

　　孩子升上三、四年級後，進入覺醒期，這個時期的孩子開始建立自我保護系統，開始評價老師和家長，而不是言聽計從。

　　孩子小學階段的叛逆並沒有青春期時猛烈，因為年齡的關係，對父母、老師還存有一定程度的敬畏，在受到父母、老師的強烈打壓時，會選擇壓抑情緒。然而被壓抑的情緒不會自己消失，它會以軀體異常的形式反映出來。

　　這個時期出現最多的是抽動症。抽動症有眼睛、脖子、嘴角抽動等症狀，很多家長誤認為這是孩子養成的壞毛病，於是便不停的「提醒」，結果孩子的症狀就越明顯。

　　這種抽動的症狀就是由於高度的壓力無法釋放所造成的結果。

　　催眠治療抽動症是非常有效的，只要幫助孩子把心底的壓力釋放出來即可。

　　不透過催眠，盡量幫助孩子做些他喜歡的事情，讓他能夠釋放壓力，症狀也能緩解。

(3) 國中生被忽視的自戀與自卑。

國中是最令家長頭痛的階段，這個階段是人生中最明顯、最強烈的叛逆期。

這個階段的孩子最大的特點就是異常自戀，同時又非常在意別人的看法，一旦受到挫折或打擊，情緒非常容易概化（generalization），將別人對某件事情的負面評價轉化成對自己整個人的全盤否定，從而陷入深深的自卑當中。

文章開頭提到濤的兒子正是處在這個時期的孩子。身為家中唯一的兒子，家人對他非常溺愛，小學成績很優秀，上國中後課業對他來說開始有點吃力。新學期剛開學，老師檢查暑假作業，他做得很差，老師當眾狠狠地罵了他。從那之後，再提到學習，孩子就表現得異常煩躁，一提起學習就哈欠不斷，最後沉迷於遊戲，徹底放棄了學習。

這孩子出現的厭惡學習現象在國中生中並不少見：

a·從小被過分溺愛，思想單純，個性敏感，抗壓性較差，學習上遇到困難，就很難支撐，無法自己排遣壓力。

b·受家庭教育影響較大，依賴性很強，性格固執，通融性較差，付出努力後，如果短期看不到效果，就會失望。

c·學習目的不明確，個性懶散，怕吃苦，沒有明確的學習目的，認為學習就是為父母，因此逐漸喪失興趣，總想找機會逃避學習。

了解到濤的兒子的情況，幾個同學也叫我去給他的兒子做做催眠，可是濤說之前也找過諮商心理師，都到家裡了，兒子就是閉門不見。

一起聚會的，還有一個女同學是高職老師，她叫濤把兒子送到學校去學門手藝，以後在社會上也好立足。

濤很無奈，他說兒子現在每天就是關在房間裡打遊戲，壓根就不跟他和妻子交流。

我勸濤：「不要急，現在不要做任何的動作。生命的成長需要等待，如果外界都在要求或指責，孩子一定會逃進自己的世界裡。相反的，當他感覺到完全的被接納時，他便會自己走出來。」

(4) 國高中生無處安放的升學焦慮。

高中階段的孩子，思想日益成熟，更向著成年人靠近，這個階段的孩子面臨的主要壓力就是升學壓力。這種壓力之下所導致的現象也是多樣的。有壓力型頭痛、耳鳴、身體過敏等現象，也有社交迴避、網路成癮等現象。

他們潛意識中的負面情緒反應向內化方向發展，有逐漸形成精神官能症趨向。這是因為這種反應本質上也是一種過敏性焦慮情緒，它會不斷的發展，當焦慮高到一定程度時，就形成焦慮症的症狀。

1.6 我再也不想上學了

所以，在心理諮商室遇到患有焦慮症、憂鬱症的大學生，其中的絕大多數是因為高中階段長期處於厭惡學習（或學習心理壓力過重）狀態。

自我決定理論認為，人是積極的生物，具有先天的心理成長和發展的潛能。自我決定的潛能可以引導人們從事感興趣、有益於能力發展的行為，這種對自我決定的追求就構成了人類行為的內部動機。

這個階段學生的潛意識厭惡學習行為，應該從激發學生內部動機和促進外部動機的內化整合，來提升自我決定能力。

正向心理學的倡導者周士淵老師，曾經在他的《人生可以美得如此意外》這本書中提到人生中最應該養成的第三個大習慣，他把它稱為自動自發。

自動自發的本質是什麼呢？

其實就是自我決定理論。也就是說，如果一個人能夠把學習變成一件自己非常喜歡，並且願意為之奮鬥的事，那麼還能有什麼事情能阻擋他把學習學好呢？

所以在這個階段，家長和教育者們的主要任務是幫助孩子們能夠找到自身優勢，找到自己人生的意義，找到自己的價值定位，只有如此才能夠激發他內在的潛能，幫助他克服厭惡學習的情緒。

（2）家長都找不到幸福的方向，孩子自然無所適從

厭惡學習的背後是教育觀念的問題，而教育觀念背後就是家長的價值觀。

女兒幼稚園的家長會上，老師首先拋出一個問題給所有家長：你對孩子最大的期望是什麼？

也許很多家長沒有意識到，孩子課業成績的好壞是學校教育應承擔的責任，而家長更該關注的是孩子這一生過得是否幸福。

也許又會有很多家長提出質疑，不上好大學、不好好工作、不成為社會菁英、不過上衣食無憂的生活怎麼能幸福啊？

那麼我想問，成為社會菁英就一定幸福嗎？或許你會遲疑。

正向心理學彭凱平教授，曾經在他的《吾心可鑒 —— 澎湃的福流》這本書的序言中，提到了他曾經經歷對他觸動很深的一件事情。

2007 年，彭教授去西藏參加一個學術活動，活動結束後，他抽空去了趟布達拉宮，時值黃昏，當他隨著遊客向出口走去時，他突然被一幅美麗的景象所震撼，在拉薩的藍天下，在落日餘暉中，布達拉宮白牆金頂的映照下，一位身著僧袍的老人，正不慌不忙的掃著地，地面上是無數遊客和信徒散落下的祈福錢鈔，滿地的金錢猶如塵土和垃圾一樣，被這位老人掃入簸箕之中。

彭教授說，當時他的心中一陣發緊，一瞬間壓倒一切的敬畏情緒油然而生。頃刻之間，他感覺自己找到了人生的意義。它不是金錢、權勢、地位，而是一種心靈的敬畏、寧靜和快樂。

或許這才是我們真正應該傳遞給孩子的幸福觀。我們培養出來的孩子，能為自然美、藝術美而感動嗎？如果只是腰纏萬貫，對於美景完全不懂欣賞，滿肚子的陰謀詭計，那還有什麼幸福快樂可言？

1.6.3 面對厭惡學習的孩子，應該怎麼辦？

潛意識性厭惡學習不是靠意志所能克服的，這就好比一個人有懼高症，到了高空吊橋上，明明知道很安全，絕對沒有問題，卻仍不敢上去。

那我們應該怎樣對待他們呢？

(1) 首先在認知層面理解孩子的厭惡學習現象，減少對他們的誤解。理解那是一種如何痛苦的感受，它是一種潛意識的情緒反射，意識是控制不了的。

(2) 可以求助學校心理諮商服務機構或心理輔導教師，在思想上澄清厭惡學習形成的心理機制，並運用一定的臨床技術對孩子的厭惡學習行為進行干預。催眠在厭惡學習的治療方面效果顯著。

(3) 了解厭惡學習行為形成的心理機制，教師、家長、學生在

日常生活中便可以自覺的注意心理狀態，減少或防止厭惡學習行為的產生。例如，作業量過大會引起學生反感等。學習和完成作業期間加強正面情緒調節，防止過度疲勞造成的負面情緒與所做的作業、練習的科目建立條件性情緒反射等。

總之，理解和察覺到孩子的情緒感受，孩子才能真正感受到被接納，被尊重。

所以下次不妨試試把跟孩子交流的第一句話換成「你現在肯定心裡很煩躁，是因為……」發現孩子的感受，他才會真正感受到和你在一起。

第 2 章

修正親子關係中的錯誤認知

2.1　以愛為名的控制

當父母自以為是的「愛」只是「以愛為名」控制，這個「愛」就是災難。

2.1.1　我們真的好「愛」你

週末帶女兒去上舞蹈課，在更衣室遇到一對母女，女孩差不多八九歲的年紀，嘟著嘴坐在椅子上，她的母親蹲在地上一邊給她換舞鞋，一邊數落著：「你怎麼就不懂珍惜呢？媽媽小時候哪有這種條件，女孩子學學舞蹈，身材好、氣質好，你得好好學啊！」

小女孩有點不耐煩的坐在一邊，嘟囔著：「我不喜歡芭蕾舞，我喜歡健美操……」

「健美操怎麼能跟芭蕾比呀！芭蕾是訓練氣質的，爸爸媽媽花這麼多錢培養你，是要你將來做個有氣質的淑女啊……」聽了女兒的話，母親生氣的打斷她。

「我們這麼做都是為你好，你知不知道？」想必很多人聽到這句話都覺得很熟悉吧？

歌手張靚穎的媽媽透過媒體發布一封公開信，信中她稱馮軻侵吞張靚穎和她的公司股份，並表示馮軻「不是一個可以託付終身的男人」。

張靚穎和馮軻對她隱瞞婚禮的時間、地點，張母發動媒體聲討他們：「女兒已經不聽我的話了，請大家幫我評評理！」

身為一般民眾，對明星家庭背後的是是非非我們不得而知，但單從一位母親對待女兒的態度上，我們看到了赤裸裸的控制。

張靚穎已經 32 歲了，早就是可以為自己的選擇負責任的年齡。不管這場婚姻，是兩個相愛的人走到一起，還是張靚穎因為深愛而盲目或因為利益糾葛而妥協，這都是成年人的自主意願。

即便是錯誤的選擇，也不應該由任何人（包括父母）來控制和阻礙。

我們常常聽到的一句話就是：「難道爸媽會害你嗎？」

我們承認，沒有一個父母希望自己的孩子不好，但是父母是人不是神，他們也有自身的侷限性，當他們完全用主觀意願去操控孩子的人生時，這樣的愛，還是真正的愛嗎？

2.1.2 我要你成就我認為的「好」

小時候家裡窮，沒有機會接受更好的教育，所以我一定要給孩子最好的學習條件、最好的生活！—— 父母沒有實現的理想要孩子去完成。

「媽媽小時候沒有機會學跳舞，所以你要成為舞蹈家。」

「爸爸小時候買不起鋼琴，所以你要學鋼琴。」

「現在經濟條件好了，孩子絕不能輸在起跑線上啊。」

「望子成龍」帶給孩子的是巨大的心理壓力。長期處於高壓控制下，強迫而不自由，孩子可能會缺乏活力和情感，變成麻木的機械式服從。

父母本意是培養孩子「追求卓越」，但這裡所謂的「卓越」只是父母所認為的卓越。即便達到了父母的期望，成了眾人眼中的「人生贏家」，但家庭的控制讓孩子形成了蜷縮的生存姿態，讓他們在潛意識裡相信「父母在掌控我的生活，沒有了他們的規則和控制，我將無法活下去，只有死路一條」。

當他們成年後，強烈的「自我不認同感」，會讓他們在面對人生的重大抉擇時，完全喪失判斷能力。

新加坡一項 5 年的縱向研究表明，從小受控制過度的孩子會產生強烈的自我批判意識，也有更高的患焦慮、憂鬱的風險。

2.1.3　父母出於本能保護孩子可能會犧牲孩子

父母對孩子的養育中，並不全都是愛，除了愛，還有父母自身的欲望、創傷、人格缺陷以及人性的自私。

不管你認不認可，每個父母始終逃離不開根深蒂固的觀念——孩子是身上掉下來的肉，是屬於我的一部分。

所以當孩子欲表達自己的想法和觀點時，父母害怕失去與

孩子「共生」的狀態、害怕失去作為「共生主體」的權威性，甚至害怕失去自己負面情緒投射的對象。

　　人在情緒不好的時候，會把負面情緒投射在他人身上，如果發洩在同事或是另一半身上一定會被對方反擊回來。但如果投射在孩子身上是沒有回應的，這是身為父母「最爽」的地方。

　　因為你是權威，你是天，孩子必須無條件服從。

　　稍有反抗，就會被冠以「不聽話」、「頂撞父母」的罪名。

　　所以要打壓孩子、否定孩子、插手孩子的一切。

　　孩子產生的負面情緒無處表達，這些累積的情緒會發洩到自己身上，產生內隱行為（implicit behavior）問題：社交退縮、上癮行為或是羞愧、焦慮的情緒。真的成為永遠長不大，永遠依附在父母身邊的「巨嬰」。

　　曾經在網路上看過一個「巨嬰」案例。

　　有位母親問：「我家孩子腹瀉，是要看消化內科嗎？」

　　醫生回答：「小孩子要掛兒科啊！」

　　母親又說：「我兒子 30 歲了，還要掛兒科嗎？」

　　醫生：「……」

　　另一個極端是孩子的負面情緒發洩到其他人身上，引發外顯行為（explicit behavior）問題，借由暴力或犯罪行為發洩情緒，比如攻擊其他同學（很多校園霸凌加害者的背後都有一個

高壓控制的家庭）。

2.1.4　可怕的親情綁架

「養兒防老」這句話背後最大的問題就是界限不清。

小時候吃飯要餵、走路要扶，長大之後，戀愛要參與、婚姻要插手。一旦遭到拒絕，就會哭天搶地的控訴，甚至以死相逼。

「我辛辛苦苦把你養大，我還不都是為了你好！我不就是為了讓你少走彎路嗎？」

這句話說出來無疑是讓孩子屈服的同時，背負更大的內疚，完成自己身為「好父母」的自我認同。

且不談「親情綁架」的可惡，單說少走彎路就一定好嗎？每個人一生中經歷的痛苦、挫折都是人生的歷練，是珍貴的禮物。

如果孩子沒有從失敗中站起來的經驗，永遠都會是一個自卑者，無法長大、無法掌控自己的命運、無法成就自己的人生。

隨時擺正自己的位置，分清人際界限，這是為人父母最基本的態度。

「請記住，你面前坐著一個成人，你得對他像對待天下所有其他成人一樣。你不會把你朋友或一個陌生人嘴裡的菸拔走，因此，你就不能把眼前這個人嘴裡的菸拔走。他早已不是你的『孩子』，他是一個『別人』。」

這是龍應台面對在自己眼前抽菸的 21 歲兒子時寫下的話。

2.1.5 放手，去做一個成長的父母

帶著家庭「毒規則」的原罪，帶著原生家庭的缺陷，我們都在戰戰兢兢的做父母。

有人形容父母是如履薄冰的高危險職業，的確如此。

那麼我們該怎麼做才能擺脫「控制孩子」的魔咒？

1・無為而治，身體力行

既然身為父母我們自身的認知都是極其有限的，我們還有什麼理由去替孩子做判斷，放手讓孩子做自己恐怕是最好的出路。

是不是這樣做會落入另一個極端？當然，在孩子沒有成熟自制力的時候，把他推入一個未知的世界顯然也是不可取的。

但有一點是我們可以做的，那就是你想讓孩子成為什麼樣的人，你就身體力行、言行一致的去做。孩子的學習能力超乎你的想像，在潛移默化中，他會漸漸變成你認同的模樣。

2・用謙卑的心對待孩子，勇於承認自己的懦弱和無能

謙卑意味著平等。每個孩子除了跟你在遺傳意義上的血緣關係外，他還是一個獨立的人，而每個獨一無二的個體必然有他自身的優勢，有我們這些思想被侷限的成人所不能及的能力。

孩子接受新事物的能力、超強的學習能力遠在我們之上，向孩子學習並不是一件恥辱的事情。

對孩子坦誠一些、與他平等的對話、探討自己的問題、承認自己的無能和懦弱，反而會得到孩子的理解和尊重。

即使曾經已對孩子造成了傷害，也可以誠懇的告訴孩子，你已經發現自己的問題，你會努力做出改變。

3・自我成長遠比教育孩子更重要

不要躲在孩子後面逃避自我成長，教會孩子愛的前提是我們也要有愛的能力，我們先要學會好好做自己才有能力去影響孩子。

學習、閱讀、用各種方式去提高對自己的認知，完善自己的人格，不要迴避成長的痛苦，為了你的孩子，這個痛苦也是值得的。

當你成長，你才能承受自己的情緒，才能不再以愛之名對孩子施加傷害。相比你取得的事業成就，如果你能成為一個可以強大到「能好好愛孩子」的父母，那麼這會是你最大的成就。

2.2　可怕的「親情冷漠症」

一個不懂得愛的孩子，就像不會呼吸的魚，出了家庭的水箱，在乾燥的社會上，他不愛人，也不自愛，必將焦渴而死。

2.2.1 家有「親情冷漠症」的孩子

我的一位來訪者菲菲的母親，跟我說了自己剛上國中的 12 歲女兒的事情。

菲菲爸爸是一位銷售員，平時應酬多、工作忙，經常到外地出差。他對女兒的成績要求很高、期望很大，每次一回到家就塞很多零用錢給女兒，不論女兒需要什麼總是盡量滿足。

菲菲媽媽是一位教師，她非常熱愛她的工作，對工作認真負責，對家裡也是盡心盡力。平時對菲菲的飲食起居照顧得非常周到，課業指導、監督很嚴格。

媽媽一直覺得自己是個稱職的母親，無論工作還是家庭她都很用心，對孩子更是照顧得無微不至。

可是菲菲似乎並不認同媽媽的看法。她總是對媽媽發脾氣，遇到一點不滿意的地方就耍脾氣。

菲菲媽媽表示女兒對自己的態度越來越冷淡，平時那麼辛苦照顧她，可是她不但不懂得感恩，態度還很敵視。

菲菲的爸爸好不容易休個假，想要帶女兒出去散散心，可是孩子寧願在家看偶像劇，也不願意全家一起出去玩，連話都懶得跟父母說。

對此，菲菲的父母感到非常委屈、心寒，不知道自己哪裡做錯了，更不明白女兒為什麼會變得如此冷淡？

在我接觸過的青少年個案諮詢中，親子關係冷漠的現象越來越普遍。曾有一個孩子這樣對我說：「我沒有辦法跟我的父母共處超過 5 分鐘，我會覺得很不自在，我真希望他們不要到我的房間來。」

相信每個父母都很難接受，幼年時期那個對父母無比依戀的孩子，一下子變得跟父母形同陌路。到底是什麼讓他們出現如此改變呢？

2.2.2　是什麼讓孩子如此冷漠？

1 . 過度被愛讓孩子失去愛的能力

相較於父輩，我們這代父母在孩子身上傾注的關心和呵護要遠超過他們，大多數的父母都會把子女的撫育問題當成家中第一要事，凡事以孩子為先，似乎是每個立志當好父母的家庭的第一要務。

即便很多家長工作繁忙疏於陪伴，但也都是以為孩子創造更好的生活條件為前提。因此，相較於我們及我們的祖輩，現在的孩子得到父母關愛的指數恐怕達到有史以來的最高值。

然而孩子真的認為自己得到了莫大的幸福嗎？

在與菲菲的交談中，我試圖引導她：「媽媽那麼忙還要每天為妳洗衣做飯，爸爸在外面賺錢養家多不容易，他們多麼愛妳

啊⋯⋯」

　　菲菲很漠然的說：「那算什麼呀！誰讓他們是爸媽呢？他們應該的，以後我當了媽媽也會這樣。這不是很正常嗎？難道這就算愛嗎？」

　　愛本是流動的能量，有付出亦有接受，如果只是單向的流動，沒有任何的回饋，愛就會淤積，而接受的一方也會變得麻木，感受不到愛。

　　有一次，我的手指動了一個小手術，晚上睡覺的時候，5歲的女兒主動幫我鋪床，小小的人兒搬著重重的被子忙來忙去，我問她：「為什麼要幫忙鋪床，這以前都是媽媽做的事情啊？」

　　女兒說：「媽媽，這是因為我愛妳呀，妳感受到我的愛嗎？」

　　孩子在被他人需要時，感到了一個幼小生命的意義。成人重視並強調了這種價值，他們就會感悟到深深的愛意，在嘗試給予的同時，他們懂得了什麼是接受。

　　健康和諧的親子關係強調父母、孩子在情感溝通的基礎上實現互動。從小健康有效的親情教育與和諧融洽的親子關係能讓孩子建立一個安全型的依戀關係，形成強有力的情感支持後盾，從而促進健康人格與健康社會交往模式的形成。

　　現代教育心理學的研究則進一步證明，3～5歲是幼兒開始學習自我控制、學習掌握各種規矩和要求的關鍵期。

第 2 章　修正親子關係中的錯誤認知

　　很多家長誤以為，3～5 歲的孩子什麼都不懂，什麼都不會，無視孩子獨立性發展的要求，對孩子溺愛過度，事事包辦。比如生怕孩子自己吃飯亂灑，以至於孩子都 6 歲了，家長還追在孩子後面餵飯，養成孩子挑食和不按時進食的壞習慣。再比如孩子想自己穿衣、洗臉，家長卻嫌孩子穿得慢，替孩子穿，擔心孩子洗不乾淨，替他洗。久而久之，孩子會覺得自己很無能，無法獨自做好這些事情。

　　家長這樣事事包辦的後果是，孩子會認為父母幫忙穿衣洗臉都是天經地義，一旦父母要求孩子自己做，孩子往往會抗拒或者應付了事；有些家庭只要有零食就任孩子吃，很少提醒孩子要與家人共享；家長的百依百順會助長孩子的欲望，使孩子習慣於接受，無法付出。長期下來，孩子就會以個人需要的滿足與否作為快樂的標準。

2．強迫式親子教育帶來的負面效應

　　據調查統計，61％的國中生認為自己與父母存在矛盾；82％的國中生認為家中有一個人最囉唆；15.2％的國中生認為在家得不到尊重、父母經常不與自己交流。（如圖 2-1 所示）

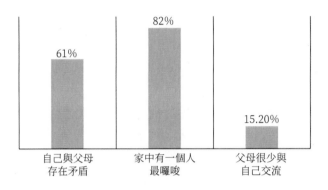

圖 2-1 國中生對父母的看法統計

　　菲菲的父母對她要求很高，讀書要努力，成績要排在班級前三名，除了上學、補課，還要學鋼琴、繪畫，用父母的話來說，就是「藝多不壓身」，可是他們沒有考慮到菲菲內心的感受和實際承受的能力。

　　像菲菲這樣的孩子在當今社會並不少見，很多父母在對孩子的教育中，打著為孩子能有更好未來的旗號，不斷用強迫的方式要求孩子提高生存技能，這些強迫的方式包括：責打、喝斥、譏諷、嘲笑、漠視、嫌惡以及嘮叨。

　　被強迫的痛苦經驗會帶給孩子的心靈極大的傷害，他們感覺父母和老師把自己當成了「分數機器」，甚至是他們滿足虛榮心的工具。這種感受使他們變得冷漠、孤獨、自私、無法擁有駕馭愛的能力，甚至種下反社會人格的萌芽。新聞曾報導，有名高三學生用刀刺傷班導致其死亡，這正是一件令人痛心的極

端案例。

3 . 缺乏有效的情感交流

　　有別於那些經歷父母離異的孩子，菲菲以及絕大多數生活在父母身邊的孩子，看起來並不缺少跟父母的溝通和交流。然而實際上，父母平時工作繁忙，回到家裡又是跟孩子凡事講道理，又是分析成績不佳的原因，又是教育以後如何生存和發展，孩子跟父母之間的有效情感交流少之又少，孩子感受不到真正的父愛和母愛，無法建立真正的情感支持系統。

　　菲菲媽媽自身的社會角色是教師，回到家把女兒也當作學生來對待，除了講道理就是說教，導致孩子越來越厭煩和牴觸。父母對於菲菲的「補償」，比如帶孩子去旅遊、給孩子很多零用錢等，並不能讓內心已經缺乏情感的菲菲領情。

　　在孩子成長的最初階段，父母應該注重的是情感教育，而學校才是重視能力教育。

　　我有位朋友在美國一所名校讀博士，留學 7 年，他僅回家兩次，其中一次還是因為他的父親病危住院，他才被迫回來。據他描述，從小學到國中，他都是在父母的高壓下度過，每天的生活除了吃飯睡覺，剩下只有一件事就是讀書，父母跟他之間除了課業、成績，幾乎沒有情感方面的交流。父親長年不苟言笑，唯獨看到他的成績單時，才會流露片刻的溫情。他從小到大一直很努力，成績也非常優秀，他說他拚了命讀書就是為

了離開父母，離開那個讓他無法喘息的家。

我常常在想，對那位朋友的父母而言，用一個看起來光鮮亮麗的成績去換孩子一生親情的淡漠，這代價到底值還是不值呢？

4・結果選擇理論

孩子的好行為或壞行為多半不是與生俱來的，而是由特定環境產生的。

美國的行為學家和心理學家安東尼・比格蘭（Anthony Biglan）花了 40 年研究兒童興趣、技能、能力、習慣與後天養育環境之間的關係。依據研究結果，他提出了「結果選擇」理論。

結果選擇指的就是 —— 人類的行為順序總是：先評估結果如何，再反過去行動。也就是說，兒童任何習慣的養成都是在早期教育中，某個行為產生的結果，被不斷學習、不斷記憶。

比如幼兒教育工作者發現，愛打人的孩子並不是天生喜歡打人的感覺，而是偶然發現打人這個行為夠贏得父母的關注，這種興趣是在責備中強化的。避免養出「暴力小孩」最好的辦法是 —— 減少對「暴力行為」的過度反應。

發展心理學認為 0 ～ 3 歲是孩子人格形成的關鍵時期，如果沒有及時給予孩子同情心、安慰行為能力的正面教育，就會

讓孩子在成長過程中出現缺陷，形成冷漠、自私的性格。

　　對於多數父母而言，我們對孩子的教育方式源自於原生家庭 —— 我們的父母。自己沒有真正感受到「愛」，所以也不曾真正了解過孩子的內心需求。比如當孩子滿心歡喜地把自己喜歡的食物送到父母嘴邊時，父母出於疼愛孩子沒有接受，讓孩子自己吃了。這樣久而久之，孩子就會形成一種表面上的虛假禮讓，因為孩子原本真心的付出沒有得到父母的情感回饋和接受，最後形成的就只是「形式禮貌」，其中蘊含的感情成分慢慢就消失殆盡了。表面上的付出也是為了自私的得到，因此孩子根本無法養成感恩、真心付出的品格。

　　現在，你可以再回想一下，你的孩子是不是出現過以下情況：媽媽不小心摔倒，孩子毫不關心，依舊玩自己的遊戲、對朋友的哭鬧毫不理會、跟比自己小的孩子爭玩具、喜歡拉拽寵物的毛髮……

　　如果出現類似情況，請你一定要及時引導孩子學會「同情」，對孩子進行安慰、分享行為的教育。錯失這一教育，將會讓您後悔莫及！

2.2.3 如何才能讓孩子學會關愛呢？

1・要善於向孩子索取愛

正如上文中提到的，愛是雙向的互動，有付出亦應有回報。一味地付出，只會讓孩子誤以為父母無所不能，根本不需要孩子的愛，這其實無形中剝奪了孩子愛人的機會和能力。

家長要學會向孩子索取愛。就像孩子過生日期待父母的禮物，父母送禮物給孩子的同時，可以告訴孩子父母的生日是哪一天，可以問孩子要送什麼樣的禮物給父母。當孩子以自己小沒有錢的理由拒絕時，可以啟發孩子，禮物不一定要用錢買，表達心意就可以了，可以自己做張卡片或者幫家長做件家事等，或是生病的時候，可以跟孩子描述一下病痛的難受程度，鼓勵孩子安慰父母。久而久之，孩子會從這些日常的行為中養成良好的習慣。

2・盡可能多給予孩子肌膚接觸和擁抱

「家」有時應該是講感情，而不是講道理的地方。在孩子還小的時候，無法正確理解語言所代表的含義，這個時候不要強行的灌輸，尤其在孩子情緒失控、激動的時候，摸摸頭，給他一個大擁抱，孩子就可以感受到對他的愛，等他平靜下來的時候，再講道理也不遲。

人在擁抱的時候，身體會產生一種荷爾蒙 —— 內啡肽

（endorphin），這種荷爾蒙能讓人心情安定下來，對制止孩子的暴躁脾氣以及填補內心的安全感有非常大的幫助。

我的兒子今年 10 歲了，正進入青春期的階段，開始對父母有所保留，有些事情不會像小時候一樣跟父母傾訴，變得喜歡自己做事情。我還是堅持每天都要給他一個大大的擁抱，孩子有時候會有點不好意思，但看得出來，他也很享受這樣的過程，不用說什麼，他也知道媽媽是愛他的。

3・給予孩子更多的尊重和自由

加強與孩子心靈的溝通，多從孩子的角度考慮問題，不要將自己的想法強加給孩子。比如菲菲媽媽，如果孩子真的不喜歡學鋼琴，就不要逼她練琴，給孩子一定自由的空間，讓她自己去選擇。

有位讀者小林媽媽跟我說：「我看到孩子做得不對的地方，就忍不住去嘮叨。」

小林現在每天回家基本很少和父母交流，上桌就低頭吃飯，吃完放下碗筷就回房間，不會多說一句話。家裡買了新房子，父母忙著裝修，他連問都不問，彷彿跟他一點關係也沒有……

她跟我講了一件小事，她覺得小林洗澡的時候，脖子總是洗不乾淨，就逼孩子去澡堂洗澡，孩子不想去，她就氣得

不行。講到這裡她還氣憤的說，她實在受不了了，必須得把他逼去。

我趕緊勸她：「小林已經是 17 歲的大孩子了，自己必然有衛生的觀念，他不想去肯定是有原因的，可以給他建議，但一定不要強迫他。」

後來小林媽媽跟我說，聽了我的建議，沒有強迫孩子去洗澡，結果第二天孩子主動提出要去洗澡。

真心希望小林的媽媽能從小事開始改變自己的態度，改善與孩子的關係。

4 · 多給孩子一些發洩情緒的機會，讓家成為孩子的避風港

孩子在成長過程中，不可避免地會遇到各種問題，尤其對一些剛青春期的孩子，生理和心理的變化，會讓他們迷茫和不知所措。父母要多設身處地的站在孩子的角度，理解孩子的心理感受和情緒變化，而不是麻木不仁或火上澆油。

父母常常分不清「同理」和「同情」這兩個概念，同情是我知道你的感受，但我不一定有你那樣的感受，而同理則是我知道你的感受，並且我也有跟你一樣的感受，這是兩個不同程度的理解，如果父母對待孩子都能做到先同理，再解決問題，往往能夠得到事半功倍的效果。

舉個簡單的例子。

孩子一身汗跑回家，興奮地告訴媽媽：「今天的球賽，我們球隊打贏了！」

如果媽媽回應：「你的球衣好髒，快去洗澡。」，這是「無關反應」。

回應「球賽打贏又不能列入課業成績。」，這是「情感逆轉」，孩子瞬間會感到萬分失望。

如果父母的情感沒有被孩子的喜悅所感染，那麼可以試著注意孩子的感受，然後去確認：「你看起來好開心啊！這真是讓人開心的事。」

當孩子悲傷、哭泣、憤怒的時候，我們很容易把這些情緒視為「不好的」，然後出於自身焦慮希望孩子趕快停止。這種做法會讓孩子的負能量被阻塞，長期下來會形成心理疾病甚至生理疾病。

父母最好的做法是不打擾，如果孩子需要，就在旁邊安靜的陪伴。

願每個家庭給孩子一個自願擁抱健康生活的滋養環境，願我們的孩子都成為溫暖的孩子。

2.3　父親的愛，不可取代

母愛是我們來到人世的源地，她是自然、是土壤、是海

洋。父親則代表思想的世界、人造物的世界、法律和秩序的世界、旅行和冒險的世界。

—— 弗羅姆（Erich Fromm）

2.3.1 缺乏父愛症候群

早上看到朋友傳了 8 歲女兒的一幅畫。這是一幅全家福，中間個子高高的人是爺爺，旁邊是奶奶和小女孩，另一邊畫的是媽媽和爸爸。

有意思的是，父母都被畫得很小，尤其是爸爸被畫在角落，個頭甚至沒有小女孩大。朋友傳了一句話戲謔道：「瞧我在女兒心中的地位呀！」

在心理諮商領域，用繪畫療法為學生做心理諮商是一種很普遍的手法，雖然看起來只是孩子隨手的畫作，卻是孩子內心世界的折射，顯然畫中的爸爸已經被孩子邊緣化了。

這位朋友是一家企業的副總，公司正處在發展期，很多大事小情都需要他親力親為，有時為了專案他還要與下屬一起跟客戶談判。每天熬夜加班，公司與家在不同縣市，所以必須每週兩地奔波。

朋友是個很愛孩子的人，在他的 facebook 上，到處都是女兒的痕跡。可是工作的忙碌讓他無法分身陪伴女兒。

這種父母其中一方在孩子的教育中嚴重缺席，已是當今社

會的普遍現象。

　　很多父親雖然不像我的朋友那樣因工作無法陪伴孩子，但他們在孩子身邊卻形同虛設。

　　經常在公共場合看到相對無言的父子，各自捧著手機玩遊戲，或是有些孩子開心的跑去找爸爸，卻被不耐煩的推到一邊：「去去去，找你媽去！」這種父親有跟沒有，貌似也沒有太大的區別。

　　美國有位海員，在兒子剛出生不久便出海遠航。3 年後他回到家時，吃驚的發現兒子舉止古怪、性格孤僻、自卑感很強，完全看不到一點天真活潑的孩童形象，這是由於嬰幼兒長期缺乏父愛所表現的特有症狀。有些孩子還會出現哭鬧、易驚、煩躁、憂鬱、多愁善感等症狀。

　　這些症狀被稱為「缺乏父愛症候群」。在一個家庭中，父母任何一方的愛對於孩子都是不可或缺的。

　　也許很多父親會理直氣壯的對伴侶說：「家庭分工不同啊！我負責養家，你負責帶孩子，你對孩子付出多一點不就可以了嗎？」這種觀點是大錯特錯的，越來越多的事實表明 —— 父親的愛，不可替代。

2.3.2　父親在女兒日後的親密關係中擔任重要角色

　　女兒剛出生的時候，老公半開玩笑的說：「這次生的是女

孩，以後妳就全權負責吧！」相信很多爸爸都是這樣的想法，媽媽負責女兒，天經地義。殊不知父親的角色在女兒成長的過程中有著舉足輕重的作用。

父親是女兒的世界中出現的第一位異性，父親的愛影響著女兒成人後在兩性親密關係中對另一半的期待。

有位作家曾說過：「缺乏父愛的女孩，一生都在尋找一個像父親的男人，填補她生命中的殘缺。」

1．安全感和信任是女兒從一個好爸爸身上得到的最核心感受

單親家庭中的很多女孩幼年缺乏父愛，導致成年後對男性產生排斥和不信任。有時候，被離異的母親對父親的憎恨會傳遞到女兒身上。

有位女星 12 歲時父母離異，她和母親一起艱難的生活，對父親充滿怨恨。在一次採訪中，她說在青春期的時候，她曾多次產生不找男友，終身不嫁的念頭。

2．父女的關係亦是兩性關係的投射

女孩在幼年得不到父親的關注和陪伴，會漸漸形成缺乏價值感的人格特質，在兩性關係中，女孩會不自覺的產生自卑，擔心配不上對方或害怕被拋棄的心理狀態。

她們迫切希望得到男人的關注及認可，希望得到更多的愛來彌補內心價值的缺失感。讓自己感覺被愛，實際上是在索取

幼年缺失的父愛。

　　而過分依賴和控制會帶給對方巨大的壓力，導致兩性關係的破裂。

3 · 缺愛的渣男吸附體質

　　網路上流行一種體質叫做「渣男吸附體質」，帶有這種體質的女孩不管多麼貌美優秀，總是能遇到渣男，而在跟一任渣男分手後又能遇到下一任渣男，真的如同被渣男附體一樣無法擺脫。

　　經常能看到的情節是，渣男對一個好女孩冷酷無情，而好女孩卻對渣男不離不棄。

　　為什麼會這樣呢？如同肚子餓的人飢不擇食，從小缺乏父愛的女孩對異性流露的一點點愛意都會飢不擇食，如獲珍寶，捨不得放棄。

　　有一項研究顯示，在有高度負責任的父親的陪伴下所長大的女孩，其「性冒險」出現的機率最低。

　　這一點在許多物種的研究中確實得到了論證，接觸到陌生雄性的費洛蒙（Pheromone）會加速青春期的到來，但父親的費洛蒙卻會使之減緩。

2.3.3 父親是兒子的榜樣

很多男孩子長大之後會越來越像自己的父親，不僅僅是長相、說話的聲音語調，甚至走路的姿勢都會帶著父親的影子，沒有刻意的模仿，但是父親的一舉一動都在潛移默化中印在男孩的潛意識之中。

當我們在幼兒時期，被問及誰是心目中的英雄時，絕大多數有幸擁有好父親的男孩都會說：「我爸爸！」

在男孩的幼年，甚至是一輩子，父親都可能是他心目中的「英雄」。但如果沒有這個英雄形象存在，就很容易在男孩性格形成的關鍵時期留下負面的印記。

1‧男孩長成自己最討厭的樣子

每個對孩子拳打腳踢動用暴力的父親，追溯到原生家庭，無一例外都會有童年被父親打罵的經歷。

而這些在原生家庭中的受害者，長大之後變成自己在少年時代痛恨的模樣，變本加厲的複製在孩子的原生家庭中。

2‧父愛缺失症候群在男孩身上表現更明顯

德、日兩國的兒童心理疾病治療專家聯合對兩國的 3000 多名少年兒童進行了一項專題調查，結果發現：缺乏父愛的年齡越小，越容易患上「父愛缺乏症候群」。而且此症對於男孩的影響更嚴重，男童患上此症的機率要比同齡女童高出 1 倍。

我有位好友是個單親母親，她在兒子 4 歲的時候離婚。孩子的父親很少看望孩子，現在孩子已經 8 歲了，早已過了無法自控的年齡，可是他還是常常會因為一點小事痛哭不止，而且性格膽怯，缺乏自信。

大量的研究資料表明：父愛對孩子的影響遠不止於智力，還涉及體格、情感、性格等方面。與父親接觸少的孩子，體重、身高、動作等方面的發育速度都要落後一些，並且普遍存在焦慮、自卑、自控力弱等情感障礙。

3・缺乏父愛的男孩更容易長成危險男人

哈佛大學的心理學家威廉・波拉克說：「缺乏對孩子的紀律教育和監督，缺乏教育孩子如何做男人的機會，將導致孩子走上犯罪的道路。」

父親在幫助男孩控制自己的情感方面有著關鍵作用。沒有父親的指導和帶領，男孩遭受的挫折常常導致各種暴力行為和其他反社會行為。

2.3.4　完整的父愛打造孩子的健康人生

美國耶魯大學一項研究成果顯示，由父親帶大的孩子往往更聰明、智商更高，在學校裡和社會上也可能取得更大的成功。

孩子的內心在成長階段極度需要有人照顧，而父親，在這

階段，是無人可以取代的角色。

　　據報導，青少年研究所曾經對 700 多名有犯罪行為的未成年人進行調查，在問及「你在被管束期間最想念的人是誰」時，父親名列首位，高居 70％；問及「生活中對你產生正面影響最大的人是誰」時，父親再次奪冠，為 31.2％，其次是朋友，占20％，母親只排在第三位，占 15.2％。可見父親對於孩子成長中所占的分量。

　　因此，給所有爸爸們以下幾點建議。

(1) 愛就要有所犧牲，放下手中的手機，陪孩子玩一會兒

　　或許工作了一天的你，需要些時間放鬆自己。但是身處父親的位置，陪伴孩子也是你義不容辭的責任。在孩子成長最關鍵的時期，不要當個缺席的父親，否則將鑄成一生的遺憾。

(2) 放下手中的鞭子，蹲下來聽聽孩子的聲音

　　有人說：「沒有哪個男人比蹲下去幫助孩子的時候站得更高。」在傳統思想中，「嚴父慈母」給人們留下太過深刻的印象。很多人為了維護威嚴的形象，很少對孩子表達愛。

　　有些父親在原生家庭中與父母就很疏遠，成年之後無意識中會認同自己父母的教育理念，對孩子除了關心課業以外，就沒有其他的話可說，也很難用一種溫和的方式向孩子表達愛意。

　　這個時候，母親要發揮正向的橋梁作用，鼓勵孩子的父親

多關心孩子，同時要及時向孩子轉達父親的愛。

(3) 離婚離不了血脈，忘記過去不能忘記子女

有項研究發現，單親家庭的孩子並非必然出現心理問題，如果父母雙方的關懷一直能夠持續，孩子的心靈受到創傷的可能性就會很低。

離開孩子的父親，要不斷向孩子確認你願意接受他隨時的聯繫，他在你心目中無比重要，不論你生命中是否有了其他人。

身為父親，最好的教育就是能夠陪著孩子長大，不要輕易錯過孩子的童年，畢竟一生只有一次。

2.4　低品質的陪伴是一種傷害

當我們放下所有的要求、控制、評價，只是單純看見對方當下的樣子、當下的感受，並願意和這個真實的人在一起，分享時光，這就是真正的陪伴。

2.4.1　陪伴不只是陪著

我剛進入職場的時候，當時的同事王姐跟我說：「有了孩子，你就別想著自己的生活，尤其孩子上學以後，就要一直陪著，直到孩子上大學為止。」

當時我還年輕，對於養孩子這件事情沒有什麼概念。印象

2.4 低品質的陪伴是一種傷害

最深刻的是，每次去王姐家的時候，總能看到這一個畫面，晚餐後，王姐搬著凳子坐在兒子書桌前盯著他，兒子趴在桌上寫作業，一副懶洋洋很不自在的樣子。

「你拖拖拉拉什麼呢？快寫啊！」

王姐時不時吼一吼，兒子稍有反抗，馬上就開啟嘮叨模式：「你看誰誰誰……」

當時的我，一直想不通，這樣就是陪孩子嗎？

王姐私下總會跟我抱怨，說自己為了陪孩子付出了多少、犧牲了多少……

多年以後，我從以前的同事那裡聽說，王姐的兒子國中沒畢業就不肯上學了，甚至離家出走，王姐為此哭了一場又一場，孩子終究沒有走上她所期望的成才之路。

我們社區裡有個全職媽媽，經常看到她一個人帶著女兒在外面玩，每次見到她的時候，她都躲在一旁低頭看著手機，女兒在一旁自己玩，母女倆之間幾乎沒有交流。

小女孩婷婷今年6歲了，與同齡的孩子比起來顯得太安靜、不合群，一個人在角落裡靜靜的玩，時不時看向媽媽的方向，就像生怕媽媽離開一樣……

這些場景在我們的日常生活中並不少見，很多父母以為只要在孩子身邊陪著就是陪伴，哪怕是拿著手機，心不在焉的跟孩子說話或者就只是看著孩子……

其實，這都不是真正的陪伴，甚至可以視為無效的陪伴。低品質的陪伴對孩子來說是一種傷害。

2.4.2　沒有回應的陪伴就不會有愛的連結

身為父母的我們，曾一度認為父母（尤其是母親）陪伴孩子的時間越長，孩子未來會越幸福。

然而心理學家的研究發現，對於 3 ～ 11 歲的孩子，父母參與度過低的陪伴，反而會給孩子造成負面的影響。

孩子的內心極其敏感和脆弱，客體關係理論（object relations theory）提到，即便是嬰兒，也已經能對養育者的心理活動以及情緒保持極其敏感的感知能力，他們能夠透過養育者的表情、聲音、肢體動作，來感知養育者的內在狀態。

在與父母互動的過程中，孩子需要的是積極的回應，如果這種回應是被動的或只是敷衍了事，那麼父母與孩子之間的連結是無法建立起來的，沒有連結就沒有流動的愛。

如同那個小女孩婷婷，家裡有專門做飯、做家務的保姆，她的媽媽只需要負責孩子的健康成長。但是她卻認為只要孩子在她的視線監控範圍內，不出意外就可以了。

所以儘管婷婷在媽媽的全程陪護之下，按理來說應該發展成陽光快樂的孩子，然而事實上，婷婷卻是孤獨而憂鬱的。因為得不到足夠的歸屬感和安全感而患得患失、鬱鬱寡歡、沒有

自信，遇事也都會選擇消極處理。

與孩子在一起，哪怕只是眼神的交流或與孩子簡單的幾句對話，又或者與孩子玩耍片刻，都會讓孩子感受到母親的關注，這會帶給孩子極大的滿足感和安全感。

父母的參與度，就是對孩子的接納和尊重度，是愛孩子的最高表現。

2.4.3 如果做不到放下期待，陪伴就沒有意義了

每個家長都想當好父母，從教育理念上來說，我們這代父母要比我們的父輩在認知層面上了解得更多。

很多讀者留言給我，說自己從小飽受「親情中斷」的痛苦，現在絕不能讓自己的孩子在很小的時候跟自己分開。

有些讀者說到兒時經常被父親打罵，以後絕不能對自己的孩子動用暴力。

還有些讀者說小時候父母工作忙，從來沒有關心過自己的課業，結果現在自己一事無成，所以絕對不能讓孩子輸在起跑點。

甚至還有讀者直截了當跟我說：「老師，我覺得妳文章中對孩子的心理分析得有點多，你能不能直接告訴我們怎麼做？我們照著你的方法一步步做就好了……」。

我很感激有這麼多讀者關注我的文章，並且已經有想法改

變自己對待孩子的方式。

　　然而孩子是機器嗎？是否我們付出了愛、付出了關心，我們就一定要最大限度地得到孩子的回饋，作為我們成為好父母的嘉獎？

　　很多時候我們就是這麼功利，當我們放下工作、放下手機陪伴孩子的時候，我們並不是心甘情願的，只是因為所謂「好父母」的標準是這樣的，所以我們也要這樣做。

　　但是這樣做的過程中，我們是有期待的，我們一直希望孩子朝著我們期待的方向去做，否則我們就會為自己的付出感到憤憤不平，陷入受害者模式。

　　你是不是也經常見到這樣的場景，一位父親或母親對著孩子大罵：

　　「就為了陪你，我這一天什麼事都沒做，可是你呢……」

　　「自從你出生，我連一部電視劇都沒看完，還不都是為了陪你……」

　　……

　　有位職場媽媽在和我聊天的時候，她總會說：「帶孩子很煩，陪他們玩是在浪費時間，最主要的是他什麼都沒學到，總是傻傻的玩。」

　　有一次，她難得有空陪孩子，決定趁著休息日帶孩子去博物館，可是孩子並不想去，他只想讓媽媽帶他去遊樂園玩。媽

媽覺得好不容易有空陪陪孩子，得「有意義」，要能學到新知識，才不枉費自己犧牲了大把的工作時間。

後來孩子拗不過媽媽，只好跟著去了博物館，但是他全程無精打采，最後悻悻而歸。

我告訴她：「這個年齡的孩子不需要學習那麼多東西，他需要的是盡情地玩，是媽媽給予愛的滋養，他需要的是心靈的陪伴，當他感受到足夠安全，感覺到被愛時就會有能力去愛別人，有精力把興趣轉向外界，去探索世界的奧祕、挖掘自己的潛能、充分發揮自己的想像力和創造力、選擇自己所需的生活。」

真正高品質的陪伴應該是全情的投入，應該是雙方都享受的親子時光，你在陪伴孩子，孩子也在陪伴你。

2.4.4　好好愛自己才能更好的愛孩子

美國心理學會對壓力調查的結果也顯示：超過 69% 的父母意識到自己的壓力影響到了孩子，只有 14% 的孩子說父母的壓力沒有影響到自己（如圖 2-2 所示）。

圖 2-2　父母和子女角度看父母壓力影響

如我在本章前面提到的我的同事王姐，她是一位單親母親，她經常說：「總覺得壓力好大，白天忙著工作，晚上回家還得耐心陪孩子，有時因為芝麻大的小事就想吼他。好容易哄他睡覺了，還得熬夜加班。哎⋯⋯」

如果在陪伴孩子時，你是上述這種感受的話，也許你更需要做的是照顧自己，否則，陪伴就成了一種傷害。

身為父母，你可能不知道你的壓力會影響孩子的自身壓力程度。父母自身的壓力過大會使自身精神過度緊張，精神緊張的狀態下，父母會變得暴躁、易怒。而這種負面情緒會直接傳遞給孩子，孩子處於父母負面情緒的籠罩下，情緒長期受到壓抑而無法宣洩，皮質醇（cortisol）的分泌也會隨之發生變化。

皮質醇是腎上腺（adrenal gland）中一種主要的壓力荷爾蒙（stress hormone），它會影響孩子的認知能力和記憶功能。

在正常情況下，生物能很好的控制皮質醇的分泌和含量，但它易受壓力、營養、睡眠品質等因素的影響。一旦生物的皮

質醇含量長期超過正常程度，就會對孩子的認知等發展造成負面影響。

這個時候，你與孩子的相處，不僅無法讓孩子從父母身上學習如何管理情緒，孩子還可能因為你的壞情緒，而情緒認知發展受到傷害。

所以，如果你感到壓力或焦慮等負面情緒時，請不要勉強自己跟孩子相處。

2.4.5　如何做到高品質的陪伴？

1．「哈柏露塔」教育方式和「123」法則

祖克柏（Mark Elliot Zuckerberg）所推崇的「哈柏露塔」教育方式引起了大家的關注。

哈柏露塔（Havruta）是一種猶太人家庭傳承的學習方式。你可以把「哈柏露塔」理解為猶太菁英家庭中父母與孩子的聊天模式，他們的聊天不是閒話家常，而是有意識的、每天固定時間的腦力激盪。

在猶太家庭中，週末的安息日是全家的聚餐時間，也是一起「哈柏露塔」的時間。家長不會要小朋友「好好吃飯別說話」，而是邊吃邊討論各種問題。我們可以根據自身情況選擇與孩子交流的時間，可以是接送上下學的途中，也可以是晚餐時間。

「哈柏露塔」包含了三個核心因素，即傾聽與表達、探索與聚焦、支持與挑戰。

這三個核心的關鍵在於父母不評判的接與父母的參與度。而這兩個關鍵決定了父母對孩子尊重，即對孩子無條件的愛。這對於建立孩子的自尊心非常重要。

「123」法則

家庭教育中，在親子陪伴方面最有效的研究成果當屬「123」法則。

所謂「123」法則就是，每天 1 次，每次 20 分鐘，父母與孩子做 3 件事中的任意 1 件。3 件事包括一起讀書、一起玩遊戲、一起聊天。

多年的實踐證明，每天按照「123」法則進行一次高品質的親子互動比長時間漫無目的地膩在一起有效百倍！

2・高品質的陪伴是讓孩子吸收父母的狀態

發展心理學（developmental psychology）的觀點認為兒童期、少年期的孩子主要任務是學習。

如何在孩子學習的過程中，做到高品質的陪伴呢？

我有一個朋友每天在女兒寫作業的時候，他也看書、寫文章，一年 365 天，天天如此。父女倆靜靜地做自己的事情，埋頭紙筆之間，雖然靜默無聲，但卻在無形中營造出了一個濃厚

的家庭文化氛圍。

　　偶爾女兒遇到難解的習題會跟父親討論，父親讀書讀到精彩部分也會在女兒休息時分享給她。寫作業再也不是孩子一個人的枯燥勞動，而變成了一段難得的親子獨處時光。

　　在日復一日的共同學習中，女兒在父親的潛移默化之下，愛上了閱讀，學會了父親讀書、寫作時的專注，更重要的是學會了父親終身學習的態度。

　　荷蘭作家伯納德（Bernard C J Lievegoed）曾說過：「孩子對他周圍環境的感知越是無意識，這種感知滲透進靈魂的就越多。」

　　而父親呢，在陪伴孩子的過程中，放棄對電子產品的依賴，在靜靜的陪伴中，沉下心來讀書寫字，從每日的繁忙喧囂中解脫出來，審視自己的內心。

　　真正細水長流、高品質的陪伴是「與孩子一起成為更好的自己」。

3‧適當留白，給孩子自我探索的空間

　　高品質的陪伴離不開留白，留白是給予孩子心靈上自由的空間，給予他們自我探索世界的機會。

　　著名心理學作家劉軒曾談及與女兒相處的時光。有一次，他帶著女兒在公園裡玩，玩著玩著，他發現女兒跑到一棵大樹

下，對著樹下斑駁的樹影發呆，劉軒沒有像其他的父母一樣，急忙上去問：「寶貝，你在看什麼？」而是躲在角落裡，等待孩子從她專注的世界中自己走出來。

　　高品質的陪伴，意味著在孩子需要回應的時候給予積極的回應，而在孩子需要獨處時，給予足夠的空間。

　　順其自然，放棄控制，是每個父母畢生都要學習的功課。

2.5　親子焦慮，你中招了嗎？

　　根據教育現狀調查報告顯示，87% 左右的家長承認自己有過焦慮情緒，其中近 20% 有中度焦慮。（如圖 2-3 所示）

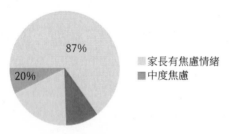

圖 2-3　家長焦慮現象

　　這是一個全民焦慮的時代，據資料統計，親子焦慮和兩性焦慮成為眾多焦慮中所占比例最大的兩個。

　　籠統來說，跟孩子相關的一切焦慮都統稱為親子焦慮，亞洲父母的親子焦慮無處不在，孩子吃多了會焦慮、吃少了會焦慮、學什麼焦慮、玩什麼焦慮、上什麼學校焦慮、課業成績不

好焦慮、找什麼工作焦慮、談戀愛焦慮，結婚還要焦慮……

　　很多求助者在向我傾訴的時候，不斷用焦慮、煩躁、不知所措等詞語形容自己的感受，身為一名諮商心理師，同時也是一名孩子的母親，我能深深體會到他們內心的糾結和掙扎。

　　面對這麼多焦慮，也許很多人會很詫異，為何亞洲父母會變得如此焦慮？這背後到底是什麼原因？

2.5.1　典型親子焦慮的媽媽

　　蓉找到我時，第一句話是：「老師，我家強強沒救了，妳快告訴我怎麼辦吧！」

　　強強今年小學六年級，原本在小學三年級之前，成績都還不錯，一直在班級排名前 5 名，可是到了四年級，因為課程難度提升，強強的成績一度落到了班上的 20 名以後。蓉開始感到焦慮不已，為兒子的成績著急，每天不停地對他進行口頭教育，但是兒子對寫作業和上學卻越來越反感。

　　為了提高孩子的成績，蓉花重金請來家教，而且一請就請了兩位，為孩子進行課外輔導。而且為孩子制訂了嚴格的作息時間表，每天放學，寫完作業，然後上家教的課外輔導，上到晚上 8 點，家教走了之後，強強要在媽媽的監督下完成複習。一直到晚上 10 點，把各科的重點都要進行一次背誦。

　　然而蓉自以為用心的全方位提升計畫，並沒有達到預期

的效果，強強的課業成績非但沒有突飛猛進，反而越來越退步，期中考試居然考了倒數幾名，老師還通知蓉說孩子在課堂上睡覺。

蓉的焦慮升級，幾近崩潰，她說：「這孩子怎麼這麼不上進，我幾乎每天都得不停督促他要努力、要進步，甚至還承諾他，如果期末考成績好的話，就要帶他出國旅遊。可是他還是這樣，看來指望孩子自己覺醒是不可能了，必須要加強控制！」她甚至還買來「愛的小手」，蓉說：「實在不行，就只能靠打了。」

我問蓉：「妳方便告訴我，妳小時候上學是什麼樣子嗎？」

蓉停了片刻，想了想對我說：「我小時候，家裡也沒人管啊，可是我還是很自動自發，課業成績也很好啊！」

我說：「那妳有沒有想過，妳小時候沒有人管都可以很自主學習，為什麼強強卻不行？」

蓉顯然陷入自己的邏輯之中，自顧自地說：「是啊，我們小時候多辛苦啊，父母都很忙，根本沒有時間督促孩子的學習，現在的孩子，要什麼有什麼，物質條件這麼好，為什麼不能珍惜大好的時光好好學習呢⋯⋯」

我又問她：「妳有跟孩子溝通過他的想法嗎？他以後想要做什麼？想要成為什麼樣的人？」

蓉告訴我，孩子完全沒有想法，不知自己想做什麼，也什

麼事都不想做。

我並沒有見到強強本人，但我能感受到孩子內心的痛苦。

一個被父母當成學習機器的孩子，他的喜好完全被忽視，即使自己最大的愛好 —— 旅遊，也被打上功利的標籤，拚命學習難道只是為了滿足父母的期望嗎？如果學習變成了滿足父母的目的，那他內在上進的動機又在哪裡？

他負面、厭倦的情緒也就不難理解了。

為了培養所謂「優秀」的孩子，對孩子進行高壓控制，最後只能以犧牲親情為代價，讓孩子與你漸行漸遠，一個對你封閉了內心的孩子，即使再「優秀」，又有什麼意義？

蓉的焦慮現象並不是特殊的個案，事實上，它是一個很普遍的現象，似乎很多父母都有過類似的經驗，比如有些孩子寫作業拖拖拉拉、玩遊戲停不下來、上課精神不集中、專注力差等，看到這樣的現象，家長就忍不住焦慮甚至發火。即使一些身為教師的父母也無法避免。

真的是因為父母太過悠閒，還是因為孩子太過無能嗎？這些親子焦慮的情緒到底來自哪裡呢？

2.5.2　焦慮源於家長自身的不自信

心理學研究表明，焦慮（anxiety）是緣於個體內在的無力感，不相信自己能處理待定事件而產生的一種感受。

焦慮＝理想的我 - 內在認為的我（之間的差距），理想的自我期待越高，內在認定的自我越低，焦慮就會越嚴重。

　　焦慮的根源是對自己的不自信，並非事件本身。換句話說，焦慮的根源並不是孩子的問題，而是父母自身的不自信，而把這種不自信投射到孩子身上，表現為不信任自己的孩子。

　　蓉 1 歲的時候，父親在去外婆家拜年的路上，因車禍從很高的山崖上摔下來，雖然僥倖撿回一條命，卻也從此喪失了行動能力，為了幫父親治病，家裡幾乎花掉了所有的積蓄。家裡的負債一直到蓉上班之後才還完。

　　貧困的家庭條件讓蓉的童年在自卑中度過。學費幾乎都是靠親戚們的接濟，上學期間蓉很勤奮努力，可是考大學的時候卻發揮失常，只好隨便選擇一所能上的大學就讀。

　　報名的時候，母親把所有的家當（很大一部分是借的）交給了蓉，擔心路上丟失，於是放在鞋底，一路小心翼翼的帶著，然而，在長途巴士上，她被幾個可惡的小偷盯上，睡覺時丟失了一個鞋子中的錢，等她發現的時候，小偷早已不見蹤影。

　　學校裡的同學幾乎都有父母陪同，只有蓉自己一個人，從報名到登記再到入住，蓉說感覺其他同學都像父母的寶貝，只有自己像一個被遺棄的孤兒。

　　在校期間，蓉努力想辦法維持生計，半學期下來從沒有跟父母要過一分錢。可是到了第二年，父母能想到的辦法都想

了，還是沒能供蓉繼續讀書，蓉被迫休學。

從那個時候開始，在她的潛意識裡就種下了這樣的信念
—— 將來要是有了孩子，一定要給孩子最好的學習條件。

蓉在自己當了母親之後，在生活上傾盡所能，為孩子提供
最好的教育條件，剛滿 1 歲就上了早期教育班，滿 3 歲時就上
了當地最貴的幼稚園，孩子從 4 歲起開始學鋼琴，一對一的課
程按小時收費，每月的學費貴得嚇人。

儘管蓉在教育上的投資不惜血本，孩子仍然沒有走上預期
的軌道，小學四年級以後，班上的老師會在家長群組中上傳孩
子的成績排名。面對兒子不斷落後的成績，蓉備感羞愧，似乎
班上所有家長都在嘲笑她教育的失敗，兒時的一次次挫敗經歷
在意識中的閃現。

阿德勒（Alfred Adler）曾經說過 —— 每個人對自己或對
人生的解釋都有一個「觀念」，也就是一個生活模式或一個習
慣，會將它牢牢地套住，雖然他並不了解這個觀念，也無法分
析這個觀點是好是壞，然而這樣的觀念卻會影響他的一生。

2.5.3　親子焦慮的問題亦是夫妻關係的折射

有人說親子關係折射出夫妻關係。

不自信的人要透過外在的表現來獲得他人的認同。例如不
自信的妻子，會要求丈夫變得更優秀來掩飾自己的自卑。

蓉 21 歲被迫休學後，在一家公司當櫃檯人員，認識了現在的丈夫，丈夫是這家公司的一名程式設計師，比蓉大 8 歲，因工作上的接觸，慢慢熟悉，兩人相戀，很快便走入了婚姻，在第二年兩人有了愛情的結晶。

有了兒子之後，蓉幾乎把所有的精力都放到了兒子身上，然而對兒子教育上的大量投入，讓家庭的經濟狀況一度陷入困境，蓉慫恿丈夫跳槽以求更高的職位和薪水。蓉的丈夫是一個典型的理工男，喜歡穩定的工作環境，不喜歡變化。面對妻子的要求，兩人之間也不斷發生爭吵。

蓉的不自信，讓她對丈夫的態度就會表現得很糾結，一方面情感依賴；另一方面又永不滿足，當她發現無法改變丈夫或是丈夫的表現無法讓自己滿意時，她就會把對丈夫的焦慮轉移到孩子身上。

不自信的人，會不斷對身邊的人索取，以此獲得他人的認同，這會造成身邊人的巨大壓力，更會讓自己感到糾結。

2.5.4　改變對自己的態度，學會愛自己

我給蓉的建議是「把對孩子、對丈夫的關注轉向自己」，但她依然陷在自己的焦慮情緒之中，她說：「難道就放任孩子不管嗎？每天都不督促怎麼行呢？這樣下去孩子不就更自甘墮落了嗎？」

　　我對她說：「妳之前一直都是用這種方法來管教孩子，妳覺得照妳的方法，得到的效果好嗎？孩子目前已經出現抵觸的情緒，如果你繼續堅持這種控制式教育方法，只會讓孩子更加失去學習的動力。而你焦慮的情緒同樣也會傳遞給孩子，讓孩子變得焦慮和不自信。」

　　焦慮的背後是我們對自己的不自信和對孩子的不信任，是我們努力想成為心目中的好父母而忽略孩子的真實感受。

　　不焦慮的父母，才懂得信任和放手。

　　我建議她與強強長談一次，放手讓孩子自己去做選擇，然後讓他對自己的行為負起責任，承擔任何後果。

　　然後，改變自己的態度，學會愛自己，即使為人父母，也要堅持擁有一個獨立的自我。

　　我們沒有辦法把自己的態度強加給別人。但是，我們可以透過改變自己來影響別人。

　　如果每一位父母都能夠做更好的自己，讓自己的生命完美綻放，那我們的孩子一定是完美的。

　　我們的家庭是完美的，我們的世界一定也是完美的。

第 2 章　修正親子關係中的錯誤認知

第 3 章

邁過成長中的第一道檻

3.1　成長中的第一道檻：「被孤立」

被孤立會將孩子的自尊和上進心擊碎，像一把隱形的刀子，刺痛著孩子的心。

3.1.1　來自學校的冷暴力

假日的時候跟親戚聚會，席間談到孩子的教育問題。表哥談到剛上四年級的女兒一年前被迫轉學。

原因是班上有幾個有錢人家的孩子，仗著家裡有權有勢在班上橫行霸道，老師非但沒有制止，反而助紂為虐，孩子的母親性格比較衝動，覺得老師處理方式很不恰當，在一次家長會上與老師發生了正面衝突。

從那之後，老師便對孩子採取了冷暴力的處理方式，上課的時候老師從來不會向她提問，任何活動一律沒有她參加的份，座位從原來的中間位置調到了教室最後面的一角，同學們漸漸也開始孤立她，八九歲的孩子還沒有學會同理心，迫於「同儕壓力」，他們選擇不跟她說話、不跟她玩，甚至走路都刻意繞開她。

女孩變得越來越沉默，獨來獨往，回到家就開始發脾氣，討厭老師、討厭同學，甚至不想再上學，看到孩子這麼不開心，父母當機立斷替孩子轉學。

我記得上國中時，班上也有這樣一個同學 M，成績很差，坐在教室的最後一排單獨一個人的位子，所有人都不跟她說話也不跟她玩，還有調皮的男生給她取侮辱性的外號。

M 就像一個影子飄在我們中間，同學在聊天打鬧的時候，她就在一旁怯生生的看著，有時被男生吼一句，她就會驚恐的縮回位子上。國中三年，我幾乎沒有看過她笑。

國中畢業後，我們再也沒有她的消息，以前小時候沒有感覺，現在想來那時的 M 已經自卑到極點，恐怕這種自卑感會伴隨她的一生。

7～12 歲的孩子已經開始建立集體意識（Group Consciousness），一個孩子的成長過程中，那稚嫩的心靈若被孤立，注定會成為內心永遠的傷疤。

據《每日科學雜誌》（Science Daily）報導，一項對美國中西部 380 名 5～11 歲孩子的研究顯示，長期被同學排斥的孩子，更有可能對學校的各種活動採取負面態度，它會造成一種惡性循環，帶給受害學生長期的心理創傷。

3.1.2　集體孤立是一種霸凌，其傷害程度不可估量

調查發現，有 5%～6% 的孩子在成長過程中，都曾遭遇過被孤立。孩子被同學孤立是一種霸凌形式，在很多成年人看來，這也許就是一件無所謂的「小事」，殊不知如果處理不當，

可能會造成孩子終身的心理傷害。

(1) 長期的自我厭惡

幼年時期被孤立的陰影會長期伴隨著一個人的成長，因為潛意識對自我的不認同會導致無力擺脫的自卑感，自我厭惡。

嚴重的甚至會導致憂鬱、自殘、失眠、厭世……

(2) 成年之後的討好式人際關係

有位讀者自稱是從小到大被孤立的孩子，他對所有人都非常小心翼翼，只要對方露出一點點不滿，就會擔心自己又做錯了什麼，與人相處永遠有一種討好的感覺。

每當在社交上受挫時，當年被嘲笑的痛苦回憶就會一一浮現。

3.1.3　容易被孤立的孩子

不同的孩子被孤立的原因各有不同，大致分為幾種類型：

1・抑制型兒童

發展心理學家研究發現，在美國，大約有 10％的兒童屬於抑制型兒童（inhibited children），這種生物型氣質是與生俱來的。

抑制型兒童在面對陌生的環境，陌生人和陌生物體會表現

出膽怯、退縮、恐懼、緊張、不敢主動接近陌生人和陌生物體的氣質特徵。

　　一組針對 14 個月大的嬰兒到 7 歲左右兒童的追蹤調查資料顯示，氣質類型為行為抑制性的嬰兒，在 7 歲左右顯示出焦慮症狀，更容易發展成社交恐懼症（Social anxiety disorder, SAD）。

　　抑制型的兒童在與同伴玩耍時，往往會有更多的負面情緒。他們可能會被同伴們誤解，認為他們不友好、不合群，他們時常會被其他孩子拒絕，更容易成為被欺負的目標。

2・與眾不同的孩子

　　孩子的世界，相對要比成人世界單純。這種單純不僅展現在他們的心理認知上，也展現在他們的處世方式上。孩子的好惡往往溢於言表，喜歡就是喜歡，討厭就是討厭。另外，年齡小的孩子更容易產生從眾行為（conformity）。

　　有時僅僅因為長得醜、長得胖、衛生習慣不良，抑或是家庭條件不好、生理缺陷等原因而成為被孤立的對象。

　　上小學時，班上有個女同學有「狐臭」，味道非常重，沒有人願意跟她當朋友，甚至還有同學往她書桌裡丟垃圾，那時沒有人覺得這行為是不對的，彷彿生理問題就是她的錯，沒有什麼好解釋的，誰都不覺得孤立她有什麼不對。

孩子的世界有時也很可怕。

3・課業成績優秀的孩子

孩子之間的嫉妒和比較心理是很強烈的，一旦遇到各方面成績都很突出，恰巧又備受老師青睞的孩子，其他孩子很有可能會自動結成「聯盟」孤立這個孩子。

4・被老師「另眼相看」的孩子

如我在本章開頭講的案例，老師因為個人的情緒孤立孩子，導致其他的孩子也因此孤立她。

另一個案例中的孩子描述，在學校中午分飯的時候，老師分肉給每個同學，唯獨他被無視，如同他是透明人；上課回答問題，他的手不管舉得多高，老師都不會叫他。他逐漸覺得連想死的心都有了。

3.1.4　給予孩子無條件的關注

越來越多的新聞讓我們注意到了校園霸凌事件，一些相關法律細則也相繼公布。

校園霸凌事件說到底是非常明顯的事件，我們看到的是非黑即白。但是「被孤立」作為校園冷暴力卻是一個灰色地帶。很多家長（包括我們自己）有時也不把它當成一個很嚴重的問題來看待。

然而人本主義（Humanistic Psychology）心理學家羅哲斯（Carl Ransom Rogers）提出「無條件的正向關懷」（Unconditional positive regard），我們要給予孩子無條件、正向、真誠的接納與關注。無論孩子在學校生活得如何，身為父母都要隨時關注他的情緒變化，孩子開心是第一要則。

面對校園霸凌時孩子的表現調查結果如圖 3-1 所示。

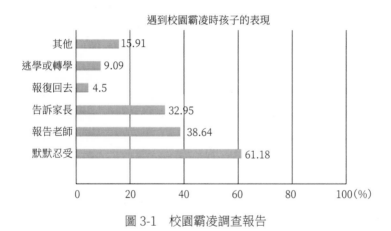

圖 3-1　校園霸凌調查報告

如果孩子不幸被孤立，我們能做的事情如下。

（1）首先要讓孩子有安全感

父母意識到孩子被孤立時，首先應學會處理孩子的緊張、焦慮和失望情緒，讓孩子有安全感，知道有人理解他、支持他。

(2) 讓孩子意識到被排擠不是他的錯

集體是盲目的。排擠可以在無數種不同的原因下發生。人性是很複雜的，既有極端的善，也有極端的惡，且兩種極端可以真實的、同時的在一個人身上共存。

被排擠不一定是你不好，而排擠你的人大多也並非「邪惡」之人。這樣想，既能減少自我的質疑和苛責，也能降低對未來人際關係的恐懼以及憤怒。

(3) 培養孩子的合理預期

應該告訴孩子：你不可能在整個人生中都獲得所有人的善待。如果那些拒絕和排擠發生了，就接受它，作為生活中不盡如人意的一部分。這時候不妨將精力放在其他地方，能幫你更心平氣和的看待痛苦經歷。

(4) 過去的事情已經過去了

痛苦的經歷如果繼續回憶的話，會遭受到二次甚至三次、四次的傷害。孩子被排擠和孤立了，我們應該幫助孩子轉移注意力，告訴他，這些糟糕的事情已經發生了。如果你又遇到這種情況，那麼能避開就避開，只要別讓自己不開心就好了。

(5) 如果孩子還處在被排擠的環境中，那麼應該做些改變了

如果孩子還面臨著被孤立的痛苦境況時，為了他的心理健康，不妨做些改變吧！

大多數時候，孩子會把被排擠的事藏在心裡，因為感到窘迫和羞恥或者自卑，不願意對他人提及，但這種痛苦應該被嚴肅對待，並且向可靠的人求助（父母、有經驗的朋友或諮商心理師）。

願每一份童年都不會經歷灰暗的傷痛，也願每一雙清澈的眼睛都不會倒映出恐懼與難過。

3.2 難以抑制的「空心病」

空心病，價值觀缺陷導致的心理障礙，症狀為覺得人生毫無意義、對生活感到十分迷茫、不知道自己想要什麼。

當我們千方百計用各種方法治療網路成癮的孩子、討厭學習的孩子時，我們驚訝的發現最好的學生、最乖的孩子他們也病了。他們不知道活著究竟是為了什麼，缺乏對生活的熱情，感受不到生命存在的意義。

3.2.1 時代焦慮症

琳是我的一位好友，她的女兒剛升上大二，馬上就要20 歲了。

前幾天，琳接到學校的電話，說這孩子最近在學校表現異常，經常躲在宿舍不上課也不與同學交流。有一天，室友發

現她對著水果刀發呆，表情有點恐怖，嚇得趕緊向老師報告了情況。

諮商老師介入治療，發現女孩時常會陷入焦慮和恐懼的狀態。這種狀態在學校的時候特別明顯，以至於她的注意力全部被它吸引，害怕上課、害怕各種活動，對未知充滿了不安。

琳得知後非常心疼，女兒是一個非常乖巧的孩子，雖然有些內向，但在學校課業成績優異，從來沒讓父母擔心過，不知為什麼會發生這種事情。

在與學校商量後，琳把女兒接回家，暫時休學，可是回家後狀態依然沒有太大的改善，所以琳拜託我打電話跟孩子溝通。

因為常常見面，所以那孩子很信任我。電話打過去，簡單聊過幾句之後，她開始慢慢說出自己的痛苦，進入大學以後，在高中時一直名列前茅的她，面對眾多同樣出類拔萃的同學，變得越來越自卑，她對學習有種非常矛盾、非常痛苦的心態，這個心態就是一定要考第一名，一定要任何事都做得最好。

「妳知道嗎？我真的不想讀下去了，在學校裡的每一天都如同身處地獄。」

「我感到很孤獨，我不知道我為什麼活著，好像我這一生都在為別人而活。」

「我每次都在夢中看到一個漆黑的山洞，我走了進去，卻怎麼都走不到盡頭。」

「我覺得活著好難……」

……

3.2.2　不能承受生命之輕

琳的女兒從小天資聰穎，跟許多望子成龍的父母一樣，琳和老公從幼稚園開始，就非常重視孩子的教育。

4 歲開始學鋼琴，5 歲學芭蕾，英語家教一對一。女兒也很爭氣，各種學科大獎拿到手軟，從小學到國中，各科成績在班上總是名列前茅，漸漸活成了親戚朋友口中的「別人家的孩子」。考大學那年，她以優異的成績考上全國最好的學校。

原生家庭沒有異常，處在教育資源頂端，本該活在優越和自信中的孩子為什麼會陷入如此焦慮之中？

最近三年中，無論是在大學還是社會的心理諮商機構中，諮商人數都在倍增。在這樣的背景之下，是什麼因素造成了精神障礙的爆發呢？

在如今的應試體制之下，分數至上的觀念造就了一種強烈的價值觀，即「我只要能夠得到一個好成績，我可以放棄一切、忽視一切、拋棄一切、踐踏一切」。這樣的教育觀培養出來的學生，已經被訓練成分數的奴隸，不知道自己為什麼而活。

學生在經歷壓力的同時，價值觀也在被扭曲。所有人都對分數非常敏感，異常在意，似乎分數是決定一個人成敗的唯一

標準。當預期被現實擊碎，支撐他們活下去的力量也被瓦解。

生命之所以如此脆弱，是因為支撐自己的東西是如此薄弱、不易控制。

3.2.3　教育，從身體力行開始

的確，現今的教育體制背後所呈現的價值觀給了我們諸多血淋淋的教訓。身為家長的我們，難道只能一味姑息和配合嗎？我們的教育是在幫助孩子成長，還是毀掉一代孩子？

那些得了「空心病」的孩子，他們為什麼找不到自我？或許是因為他們的父母和老師沒有讓他們看到該怎樣活才是有尊嚴、有價值的活著。

身為父母，我們把時間和精力都花在了哪裡？我們有沒有給予孩子真正意義上的陪伴？還是只是把孩子推給了學校，推給了教育機構？

我們是不是給孩子過高的要求和期望，在孩子遇到任何問題時，我們是否教他們處理解決的辦法？

龍應台在《目送》中這樣說：「我們拚命地學習如何成功衝刺一百米，但是沒有人教過我們：你跌倒時，怎麼跌得有尊嚴；你的膝蓋破得血肉模糊時，怎麼清洗傷口、怎麼包紮；你痛得無法忍受時，用什麼樣的表情去面對別人；心像玻璃一樣碎了一地時，怎麼收拾？」

是應該反思自己的時候了……

我們要給予孩子世上最美好的東西，不是分數，不是金錢，是愛，是智慧，是創造和幸福。

我們要告訴孩子，尊重生命，愛惜自己。

孩子，你不必出人頭地，內心充實，身心健康的活著就很好了。

3.3 社交恐懼症是不可言喻的痛

隨著人們面臨的壓力越來越大，罹患社交恐懼症的人數也有上升的趨勢。美國有項研究發現社交恐懼症的終生盛行率（Lifetime prevalence, LTP）已達 13.3%，成為繼憂鬱性疾患（depressive disorder）和酒精依賴（alcohol dependence）之後排名第三的常見精神障礙。

社交恐懼症自我測試表（如圖 3-2 所示）。

專業測試

1. 我害怕在重要人物面前說話。
2. 在他人面前臉紅讓我很不舒服。
3. 聚會及一些社交活動讓我害怕。
4. 我常迴避和我不認識的人交談。
5. 我不願意成為他人議論的對象。
6. 我會避開任何以我為中心的事。
7. 我害怕在公開場合說話。
8. 我無法在他人注目下做事。
9. 我看見陌生人就會不由自主的發抖、心慌。
10. 我夢見和別人交談時出糗的窘樣。

計分方法：
每道題目按照自己的真實情況評分(1~4分)。
1分：從不或很少；
2分：有時；
3分：經常；
4分：總是如此。
將每道題目分數累加，便是最後得分。

計分結果：
(1~9)沒有社交恐懼症。
(10~24)輕度症狀。
(25~35)社交恐懼症中度患者，建議到醫院配合治療。
(36~40)嚴重社交恐懼症患者，情況較為危險，須盡快求助精神科醫生。

圖 3-2

3.3.1　無處安放的人生

　　朋友 A 的弟弟今年 18 歲，高二就退學了，他不喜歡出門，

總是悶在家裡，甚至不跟家人互動，一天到晚拿著手機躺在床上，也不知他在做些什麼。A要帶他去買衣服，他就是不肯出門，後來被爸爸逼著去了，卻在百貨公司外不進去，買了件衣服給他，他就勉強看了一眼……

A的父母為弟弟的狀況傷透了腦筋，甚至請人來做法事，我告訴她，弟弟是得了社交恐懼症。

我的一位來訪者H，她是一位剛升上大一的女孩。

H說她沒有辦法交朋友，總感覺自己像赤身裸體一樣，毫無隱私可言。無論她走到哪裡都感到有人在對她指指點點，又或是她剛認識的朋友把聊天內容截圖傳到群組上去，甚至隨口抱怨的一句話會也被錄音放到網路上，然後被她抱怨的那個人就會視她為仇敵。

H說無論她做什麼，都會被她的室友們嘲笑。

「我當家教，她們說薪水太低。」

「我買了件新衣服，她們說好醜。」

「我申請補助，她們就說妳也不像低收入戶啊……」

在住校的這兩個月時間裡，同寢室的三個室友都排擠她。H覺得生活在一個處處被人曝光和指責的世界，她感覺所有人都盯著她看，無處遁形。

聽了H的描述，我初步判斷H屬於社交恐懼症的症狀。我無法判斷她所處的情況是否跟她所描述的情形一模一樣，但是

可以肯定的是，絕對沒有她描述的那樣誇張。也許別人只是不經意的一句話、一個舉動，就會被她自己的想像無限制的放大再放大。

　　下面這張圖（見圖 3-3）的左側應該是現實的情況，而右側則是被她描繪的模樣。

圖 3-3

3.3.2　究竟什麼是社交恐懼症？

　　從定義上來講，社交恐懼症是這樣的：

　　它是恐懼症中最常見的一種，是一種以過分懼怕社交活動為主要表現的精神官能症（neurosis）。患者明知恐懼反應是不合理的但無法控制，而且伴有明顯的焦慮及自主精神官能症

狀，並極力迴避社交活動或帶著畏懼去忍受，影響其正常活動。

　　社交恐懼症的核心症狀圍繞著害怕在小團體中被人審視，一旦發現別人注意自己就開始不自在，不敢抬頭、不敢與人對視，甚至覺得無地自容，不敢在公共場合發表言論、集會時不敢坐在前排，所以迴避社交在極端情形下可能會導致社會孤立（Social isolation）。

　　社交恐懼常伴有自我評價低和害怕批評等心理活動，會有臉紅、手抖、噁心或尿急等症狀。

　　社交恐懼症主要表現在三種情況：一種患者只害怕公開發言，還有一些患者對許多社交環境存在中等恐懼，最後一種是對很多社交環境都有強烈的恐懼，從當眾發言到只是與人交談，這些人是綜合社交恐懼症患者。

　　社交恐懼症的患者通常會在青少年時期發病，兒童和青少年焦慮障礙（anxiety disorder）常常是隱藏的，少數得到診斷和治療，病程會長達 20 年左右，甚至在成年之後伴隨一生。

3.3.3　社交恐懼症是如何產生的呢？

(1) 生理性原因與自卑性格

　　社交恐懼症的發病是人體內一種叫「血清素」（serotonin）的化學物質失調所致。

血清素負責向大腦神經細胞傳遞訊息，這種物質過多或過少都可引起人們的恐懼情緒。

很多天生敏感體質的孩子，因性格追求完美，缺乏自信，會有比較大的機率患上社交恐懼症。

(2) 創傷性記憶

H 跟我談到她的經歷。上高中時，她隔壁桌坐著一個帥氣的男孩，班上有同學寫了一封匿名信給這個男生，表達了對他的愛慕之情。

這封信不知為何被傳到了班導手上，老師覺得小小年紀就寫情書，這種行為極其可恥，於是發動全班同學互相舉報寫信者，不知道怎麼回事，最後大家都把目標鎖定到了她身上。

老師不僅因這件事找來家長，而且還讓其他同學監視她，她平時說的話都要被錄音，而且還要被上傳到班上的群組裡。

在學校裡，不管走到哪裡，她都會被周圍的人指指點點。還有一些男生會故意當著她的面說些侮辱性的話。

依 H 自己的話講，所有人都用異樣的眼光看她，彷彿她就是個不知廉恥的人。

H 痛苦至極，躲在家裡不敢上學，無奈之下，父母帶她搬了家，離開了之前的環境和之前的人。

可是，每當在路上不小心碰到以前認識的人或者任何相關

的人，她都會害怕得要命。

社交恐懼症患者大多性格孤僻，極其重視他人對自己的評價；尤其是「道德」方面的評價。

當青春期開始出現對異性難以克制的嚮往和性幻想時，毫無心理準備，自認為這是可恥的事，深怕被其他人覺察，但又不敢向別人詢問以及矯正自己的錯誤判斷，所以感到心中有了「鬼」，而出現輕度恐人症狀，如心情緊張、臉紅等。

兒子小學四年級時，有一天班導突然聯絡我，跟我說了班上最近發生的事。有個男孩把兒子推向某個女生，說他們互相喜歡，結果一群男生開始起鬨，那個女孩子氣得哭著去找老師……

我非常感激老師對於處理這件事的方式，她很正面的告訴孩子們，男生和女生之間互相喜歡是一件非常正常的事情，每個人都會有自己喜歡的人，她說班上也有我喜歡的男生啊！然後她讓孩子們每個人都說出自己喜歡的人的名字。孩子們都開心地給出了答案，這件事就很美好的過去了。

正處在青春期的孩子，對異性產生好感是很正常的事情，如果家長或老師用成人的眼光去看待這件事，批評或指責反而對孩子的心靈造成意想不到的傷害。

(3) 家庭原因

社交恐懼的患病原因常常與家長早期的教育方式有關。

比如家庭教育過於嚴厲、家長的不斷指責讓孩子從小性格受到壓抑。

曾經聽過一個案例，一個身為中學校長的父親，為了讓自己的孩子出類拔萃，不使自己丟臉，對孩子採取近乎嚴酷的教育方式。成績不好，輕則罰站抄課文，重則皮鞭伺候。他常掛在嘴邊的一句話是：「堂堂校長的兒子不能比別人差，不然我這校長怎麼當？」

然而事與願違，兒子 16 歲時發展到無法與人對視，因為對視會讓他心慌手抖，這是典型的社交恐懼症的症狀。國中畢業後，連高中都沒讀就不肯上學了，甚至連家門都不出，拒絕與人交流，視父母為路人。

過分嚴厲的教育會使人的心理成長過程單一，使其社會理解和適應能力相對較低，難以對客觀事物做出正確判斷；過分粗暴或壓抑的環境，也會使人的正常心理發育受到扭曲，對外界事物出現錯誤理解。

另外家庭搬遷過於頻繁，會使孩子喪失社交機會；父母的過度保護，會讓孩子失去社交環境等，這些都易引發社交恐懼。

3.3.4 防患於未然

社交恐懼症發病於兒童、青少年時期，儘早發現並給予關注可以避免病情繼續發展。一旦掉以輕心，病情不會減輕反而會越來越嚴重，直到最後影響正常的生活，成為一生的遺憾。

溫馨小提醒：

(1) 溫情、融洽的家庭關係，有助於緩解孩子的焦慮。正確處理、調節自己的情緒，不要在孩子面前公開表達憤怒和對立，要透過友好溝通解決夫妻間的矛盾。

(2) 要多理解、支持、肯定孩子，對孩子不要過分苛責、不要讓孩子承受過多壓力；不要打罵孩子，尤其是毆打孩子。因為毆打孩子是一種身體虐待，會對孩子造成心靈創傷。

(3) 避免家庭生活過於模式化，避免對孩子的過度控制，鼓勵孩子多參與社交活動。對於幼稚園、小學低年級的孩子，父母可以帶孩子參與社交，發揮社交示範作用；對於小學高年級的孩子，應引導孩子建立自己的社交圈。

(4) 耐心、平等的與孩子溝通，幫助孩子正確處理社交中的衝突。

(5) 對於已經出現典型社交恐懼症狀的孩子，請及早尋求專業治療。

3.4　深陷憂鬱的泥潭

2016 年 7 月統計：憂鬱症在全球的發生率（incidence rate）約為 11%，已成為全球第四大疾患。兒童憂鬱症的發生率為 4%，青少年憂鬱症的發生率為 6%。（如表 3-1 所示）

表 3-1

憂鬱症發生族群	兒童	青少年
發生率（%）	4	6

3.4.1　乖孩子竟然得了憂鬱症

剛升上小學五年級的琦琦，原本在班上成績一直名列前茅，沒想到這次期中考成績竟然掉到倒數幾名，老師打電話跟家長說，孩子在學校情緒低落，除了成績下降之外，還變得不愛說話，經常一個人在哭，老師建議趕快帶孩子就醫。

醫院檢查的結果 —— 琦琦有中度憂鬱症。琦琦的父母得知診斷結果震驚不已，一直以來「憂鬱症」這個名詞似乎只在新聞中聽到，沒想到現實生活中它竟然發生在自己身邊，而且還是發生在這麼小的孩子身上。

在與父母的溝通中得知，升上五年級後，每一次考試成績都會作為小學升國中推薦的依據，無論學校還是家長都在不停灌輸孩子這樣的理念：「每次成績都要優秀才有可能被推薦，才

有可能升入理想的學校。」重壓之下，成績優秀的乖孩子開始焦慮，開始不知所措，陷入憂鬱的泥潭。

許多人可能很難將憂鬱症與孩子連繫起來，然而事實上，有些孩子不僅僅是憂鬱情緒，他們得的是憂鬱症。憂鬱症是一種嚴重的情感障礙（Mood disorder），它不僅包含沮喪、悲傷，還有喪失興趣、疲倦、焦慮、厭食或暴食、失眠或嗜睡等症狀。

網路上有個 14 歲的少女自述得憂鬱症的經過。她曾經也是個品學兼優的孩子，但卻無法平衡喜愛的藝術和繁重的課業。

為了達到父母的期望，她拚命努力，然而事與願違，成績一直不如預期，更可悲的是，在出現早期憂鬱症狀的時候，沒有得到家人的重視，最終因長期壓抑無法釋放的情緒而陷入憂鬱的泥潭。

得了憂鬱症的孩子對任何事情都失去了興趣，世界變成了灰色，他們不知道在為什麼而活，生命失去了意義。大部分孩子出現胃痛、噁心、頭痛、腹痛的生理症狀，還有一些孩子出現厭食、失眠、焦慮等症狀，甚至有些孩子用自殘、自殺的方式尋求解脫。

3.4.2 一場心靈的「感冒」

著名心理學家馬丁・賽里格曼（Martin E. P. Seligman）

將憂鬱症稱為精神醫學（Psychiatry）中的「感冒」。

憂鬱症常見症狀如圖 3-4 所示。

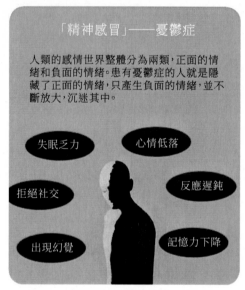

圖 3-4　憂鬱症

憂鬱症常發生在「順從型人」身上。

順從型人也被薩提爾模式（The Satir Model）稱為討好型人，他們過於在意他人，會為了讓他人高興而刻意配合和討好。

1 · 微笑的背後是討好的忍耐

很多人覺得性格內向的人較容易得憂鬱症，然而事實上，很多看起來活潑、開朗、樂觀的人也無法倖免。

2017 年 6 月，英國東密德蘭的諾丁罕郡的 16 歲少女以自殺的方式結束生命。在所有人眼中，這個名為 Maisie 的女孩活潑開朗，從來不讓父母操心，她的笑容總會讓人感到心情愉快，她在眾人面前永遠展現出最可愛的樣子。

直到孩子死後，父母才從警方的調查中得知孩子是因重度憂鬱症（major depressive disorder）而選擇自殺。在孩子溫順的表象背後是不願意發生衝突的忍耐，而不是真正的內心平靜。

許多憂鬱症兒童患者從小被父母教育「要替別人著想」，經常活在和鄰居家孩子的比較之中，經常只有滿足了父母的期待才會被表揚甚至被愛，時常被父母教育「我們為你付出了這麼多、你應該……」

習慣了為父母而活，習慣在意父母的感受和評價，在意老師、同學的感受和評價，唯獨自己的感覺被忽略了。

然而，讓所有人認同是一件多麼困難的事情。在高壓之下，孩子的心靈如同被拉扯到極限的橡皮筋。

2‧壓抑的內心，痛苦的自責

「我有抑鬱症，所以就去死一死，沒什麼重要的原因，大家不必在意我的離開。拜拜啦。」這是一個叫「走飯」的年輕女孩生前在網路上留下的訊息，她在學校宿舍自縊身亡。在她過去

的文章中，人們看到了她的孤獨與無助。

順從的孩子經常會壓抑自己的真實想法，遠離自己內心真正的需求。在憂鬱的時候，他們常常把不是自己的錯也全攬到身上，他們常去負不需要負的責任。

如果常因為犯了一點錯就被家長打罵或苛責，那麼孩子就很容易形成「我是一個失敗者」的自我否定。就算他日後表現得再好，也很難對自己感到滿意。

曾有記者追蹤調查了一些患有憂鬱症的日本女孩，她們的心靈就像她們的身體一樣，傷痕累累，無法癒合。她們選擇用刀片劃開光潔的肌膚，看著鮮血從身體裡溢出，舊傷口還未癒合，新傷口的鮮血就已溢出，一條又一條的傷痕，像是扭曲的蚯蚓，附著在少女們的身體上，訴說著不堪的過往。

這些女孩子大多在很小的時候遭受過性侵害，還有一些飽受家庭暴力的折磨。那些壓抑的、不堪回首的傷痛深埋於記憶之中，在潛意識中留下自我譴責的念頭。

3・「被忽略」所引發的「不安全感」

很多憂鬱症患者都有一個相似的特徵，那就是曾經有被家庭忽略的經歷。「被忽略」引起的恐懼、焦慮和憤怒是導致兒童憂鬱的重要因素。

在孩子的心靈世界裡，他會問自己：「爸爸媽媽為什麼不管

我？為什麼不愛我？」

在等待、要求未果之後，漸漸長大的孩子會變得很失望，並轉向攻擊自己。

8 歲的東東被醫院診斷為憂鬱症，他的父母常年在外工作，爺爺奶奶經常在家裡激烈爭吵，內心的不安全感顯然對引發東東的憂鬱症有著不可忽視的影響。

3.4.3 遠離泥潭

現實中的父母對待孩子的憂鬱症總是後知後覺，即使到了孩子輕生這麼嚴重的程度，他們也不願意接受現實。殊不知，早發現早治療對孩子才是最好的，否則將造成孩子終身的遺憾。

對於出現輕度憂鬱情緒的孩子，應該要給予關注。

(1)「掌握靈魂」的教育。

正向心理學家馬丁‧賽里格曼說，我現在終於明白教養孩子絕不僅僅是修正他的缺點，同時還要發掘他的優勢與美德，幫助孩子在社會上找到一個安身立命之所，使他的正向人格特質得以全面發展。

他認為，教育的任務應該是培養孩子的優勢，從他表現出來的優勢中去引導啟發他，他把這叫做「掌握靈魂」。

對待孩子，應該給予正面的鼓勵，發揮他們的優勢，增強

他們的自信心。對於孩子的缺點,他認為只要給予足夠的鼓勵,可以讓他們自己改正缺點。

我認為這一點,對於我們有著憂鬱氣質的孩子非常重要。

(2) 區分「我」和「我做的事情」是自我接納的關鍵。

很多孩子在遇到挫折和困難時,急於否定自我,是因為沒有分清「我」和「我做的事情」這兩個概念。成績差只是「我做的事情」不夠好,而不是「我」這個人不夠好、父母不喜歡你犯的錯,並不是不愛你。

分清這兩個概念,能夠幫助孩子擺脫自我否定的誤解,實現自我接納。

(3) 跟孩子一起學習「世界觀」。

若停在自己的痛苦裡,你的痛苦就是整個世界,但如果能把自己的世界變大一點,讓我們的心離開自己出去看一看,那麼痛苦不過是個點而已。

(4) 讓孩子勇敢表達自己的感受,健康的活著比活在別人心中的樣子更重要。

有憤怒就痛快發一次火,有委屈就大聲哭出來,不高興就不要勉強自己笑出來。

那些被壓抑的情緒需要被看見,需要表達。活著不是為了讓所有人都滿意。

對於已經是重度憂鬱症的孩子，一定要勇敢面對，積極治療。

(1) 有限度的建議。

接受孩子生病的事實只是走過第一關。每個憂鬱症孩子的父母，都要承認自己同樣也是有心理疾病的人，孩子的行為是父母內心的折射。

父母感同身受地體會到孩子的感受，比直接給出正向的建議要有效得多。過度正向的鼓勵、指導或建議，對憂鬱症孩子來說，只反映著父母雖然想接受自己的病，但還是無法理解自己在疾病中的感受。

(2) 無條件的陪伴。

對生病的孩子而言，父母無條件的陪伴是給予他們最大的接納。

對憂鬱症患者來說，無論成人還是孩子，他們體會最大的感受就是無力感，他們無法集中自己的注意力去做某一件事情。

而父母無條件的陪伴，無疑是對他們內在價值的一種認可，會在無形中增強孩子的存在感和安全感。

(3) 增加戶外活動，多晒太陽。

適當的運動，對增加體內多巴胺分泌，調節負面情緒非常有益。同時增加戶外活動，增加晒太陽的時間也有同樣的效

果。有時間就多陪孩子出去走走吧！

3.4.4 父母是一輩子都需要精進的職業

沒有人規定孩子必須要做怎樣的孩子。但父母應該做怎樣的父母，卻是可以去探討、去學習的。

讓我們都學會表達、學會釋放、學會做自己。

3.5 如何應對「前青少年期」孩子成長中的同儕壓力？

9～14 歲（或 10～13 歲），孩子進入前青少年期（preadolescence），離青春期只是一步之遙。在這個階段，他們面臨同輩文化中的自主性（autonomy）與身分認同（self-identity）爭論和衝突，同儕壓力（Peer pressure）則是其中一個比較突出的問題，負面的同儕壓力會讓孩子退步，甚至做出錯誤的決定和行為，因此能否正確引導並幫助孩子克服內心自卑，順利過渡到青春期（Puberty）是每一位家長和老師所面臨的重大課題。

3.5.1 前青少年期的同儕壓力

所謂同儕壓力，是當個體的思想或行為與集體意見或者規

範發生衝突時，個體為了保持與集體的關係而需要和集體一致，所感受到的一種無形的心理壓力，它使個體傾向於作出為集體所接受或認可的反應。

同事林的女兒讀小學四年級。某天，女兒回到家就一直生悶氣，也不知道到底是怎麼了，一問才知道，原來最近學校的課外活動比較多，活動回來後老師都會安排孩子們寫心得，很多孩子都用手機拍下照片或景點說明作為寫作的資料，但是她沒有手機，所以只能用筆記錄，她覺得同學們都在嘲笑她。

不得已之下，林只好買了一部適合小學生的基本款手機。沒過幾天，孩子回家又不開心了。

女兒說：「班上的同學幾乎都用 iPhone，我的手機太爛，都不敢拿出來用！」

林勸孩子：「手機不過是一個工具而已，能正常使用，不影響妳寫作業，什麼牌子有什麼關係呢？」

女兒大哭：「如果不能拿 iPhone，我寧可不要帶手機，帶一個雜牌手機到學校，同學們都會看不起我，也不會跟我玩！」

林很無奈，一方面她不希望女兒過度追求物質，另一方面，她也不希望女兒如她所說的那樣，陷入被孤立的境地。

可以說，林的女兒正在經歷同儕壓力的考驗。

3.5.2　為什麼說前青少年期的同儕壓力問題更為嚴峻？

小學四、五、六年級，兒童開始步入前青少年期。此階段的孩子，由於生活條件、環境的改變，接觸到了更多的人和事，與客觀現實的相互關係變得複雜化了，這自然會促使他們產生複雜的心態，促使他們情感發展，使他們情感的內容不斷豐富、充實，情感的穩定性、深刻性日益增強。

而前青少年期兒童的社會心理發展特點，使同儕壓力的問題更為嚴峻。

１・前青少年期兒童對友誼的認知

按照發展心理學的觀點，兒童對友誼的認知經歷了一個發展過程，根據研究結果可以分成四個階段。

（1）第一個階段：短期遊戲同伴關係（3 ～ 5 歲）

這個階段的兒童，尚未形成友誼的概念，認為和自己一起玩的就是好朋友。

（2）第二個階段：單向幫助關係（6 ～ 9 歲）

這個階段的兒童的友誼是指朋友的活動行為與自己一致或對自己有幫助，否則就不是朋友。

（3）第三個階段：雙向幫助關係（9 ～ 12 歲）

這個階段的兒童的友誼具有相互性，即雙向的幫助關係，

但有「功利性」的特點。這裡的「功利性」呈現在兒童很容易依主觀去判斷對方的好壞。在學習和行為特點方面趨同進化（convergence），成為他們擇友的主要標準。也就是說，對自己有利的，跟自己興趣、愛好一致的人，他們會認為是好朋友，反之他們就會認為不是朋友。

(4) 第四個階段：（約 12 歲以後）：親密而持久的共享關係

這個階段的孩子步入青春期，他們具備相當的判斷能力，選擇朋友的觀點也相對成熟一些。

正是由於前青少年期孩子擇友觀的不成熟性，導致同儕壓力的不可預測性（unpredictability）。即成年人以理智無法理解的趨同標準。比如一個課業成績優秀的孩子，莫名被班上其他同學孤立，原因竟是他成績好，老師都喜歡他。

2 · 兒童自我意識增強

很多家長和老師都認為四年級的學生是最難管的階段。

但是至於為什麼難管則說不清楚，其實最根本的原因就是兒童的自我意識（Self-consciousness）在發揮著作用。

自我意識增強，表面上看來是兒童依自己的意願和想法去看人做事，但是從心理活動的動機來看，往往是察言觀色或者是隨風而動。就像在課堂上凡事愛違反紀律的同學，其同桌或周圍的同學極易被影響和帶動，這種起鬨的現象，不僅讓帶頭

起鬨的兒童自我感覺良好，更為關鍵的是透過獲得心理上的優勢，可以隨意破壞規則或違反紀律，而老師卻拿他沒轍。

而這個階段一旦自我意識發展方向有偏差，很快就會成為「問題學生」或者「問題兒童」。比如，男孩子為了不被朋友取笑就硬要把遊戲打到最高分，女孩子因為朋友們都收到了「小紙條」，自己也應該嘗試一下和隔壁班的小男生來個私密的約會等。

3・人際交往能力增強，但是選擇的標準卻很主觀

前青少年期的孩子在人際交往上已經可以做到落落大方，少有以往那種羞怯的表現，這說明在人際交往中自信心有了明顯的進步和提升，但是在選擇的標準上，他們卻表現得非常主觀。

在學校裡，你可以看到成績好的學生們往往會建立同伴關係，而經常調皮搗蛋的學生們往往湊在一起。這種現象所導致的結果就是 ── 孩子的好壞分別被彼此貼上標籤。行為端正的「好孩子」會在同儕壓力的督促之下，更加嚴格的要求自己，學習上會更加積極上進，而被貼上「壞孩子」標籤的孩子們，也會在同儕壓力之下，更加不守規則，放縱自我的行為，以此驗證自己是不良少年。

4・自控和自律的意識開始下降

前青少年期的兒童，那些與精神文化的社會性需要相連繫的高級情感也開始發展起來。他們希望向這個世界表達自己的力量，試圖對這個世界做出一些控制。隨著自我意識的增強，這個階段的孩子自控和自律的意識開始下降。

因此這個階段的孩子很容易受到環境的影響。如果班上整體秩序很好，無故違反紀律的同學很少，相對而言，班級的整體學風就會保持得很好。相反，如果班級整體秩序很亂，調皮搗蛋的學生比較多，在這種情況之下，一些以往遵守紀律的同學也會被夾雜其中，影響自我的行為。

3.5.3　前青少年期同儕壓力的利與弊

同儕壓力具有兩面性，既有正向的一面，也有負向的一面。

(1) 正向的同儕壓力使人進步

10 歲的兒子一直對閱讀很不感興趣，他寧願整天抱著 iPad 看影片，也不願意拿本書來讀。我曾經買給他很多兒童讀物，可是他就是完全沒興趣，每次極不情願地拿起書來翻了幾頁就放下。上學期，班導在班上組了一個讀書會，要求全班同學共讀一本書，然後每天在群組裡打卡，還要分享每個人的讀書心得。剛開始的時候，他迫於無奈，拿起書每天讀幾頁。可是沒

多久，看到其他同學分享得那麼精彩，他自己也開始認真讀了下去，一本幾萬字的小說竟然也讀完了，並且還煞有介事地跟我討論了一下讀書的收穫。在那以後，他自己也漸漸養成了讀書的習慣。

可見，正面的同儕壓力可以讓孩子端正自己的行為，激勵自身的發展，與身邊的同伴們共同進步，達到共贏。

(2) 負向的同儕壓力會讓孩子做出錯誤的決定和行為

前青少年期的孩子，與朋友相處的意願更為強烈，甚至成為生活中重要的組成部分。每個人都渴望別人能夠認可和喜歡自己，渴望和同學之間和睦相處，害怕因為自己與同伴不同而受到排擠和孤立、害怕同伴或小團體不接納自己，於是違背自己內心的想法和感受，順從集體做出一些不正當的事情。

小明和幾個朋友經常一起踢足球，有一次假日，他們相約到學校球場踢球。學校為了迎接運動會，把操場主席臺粉刷一新。看到牆壁刷得那麼白，朋友們便起鬨每個人都踩上一腳以作留念。小明不想這麼做，可是不這麼做，其他朋友們就會嘲笑他假正經，於是小明不得不也去踩上一腳。

同儕壓力的負面影響包括以下幾個方面。

(1) 容易產生比較（競爭）情緒。

尤其在物質層面上，容易導致互相比較衣著、電子產品和

新潮事物等。

(2) 容易導致校園暴力。

校園霸凌的產生，源於強勢團體優越感的增強。他們利用團體優勢以強欺弱。

(3) 容易產生孩子的心理問題。

比如，班上大多數同學都不喜歡甚至孤立某個同學，其他的同學可能也會因此疏遠他。因此，被孤立的孩子很容易出現自卑的情緒，這種情緒若沒有得到適當的疏導，會導致憂鬱的心理問題。

3.5.4　如何應對「前青少年期」負面的同儕壓力？

在負面的同儕壓力面前，父母和老師的態度非常重要。雖然每個孩子都免不了受同儕壓力的影響，但是在正確的引導下，幫助孩子建立自己的行為準則，逐漸學會兼顧團體生活和獨立個性發展的技巧，他們就會從容面對同儕壓力。

同時，從小正確培養孩子面對同儕壓力的能力，可以幫助他們將來成為一個有界限、有標準、自律的人。

(1) 教孩子學會堅持自我

每個人都是獨一無二的。放棄自己的意見和觀點去隨大

流，也就是失去了自我。和朋友們在一起，有些事情可以認同，但有些事情必須要堅持原則、要抵制誘惑。

(2) 教孩子學會拒絕

很多孩子認為拒絕同伴會傷害彼此的感情，因此，屈從於同儕壓力而不敢說出自己的真實想法。家長需要引導孩子，委曲求全不是解決問題的辦法，如果分歧客觀存在，那就尊重自己內心的意願，把自己的真實想法表達出來。在表達的時候，視當下的情況，可以適當委婉一些，但態度要堅決。

(3) 幫助孩子增強自信心

提升孩子的自我認同感是減弱同儕壓力問題的關鍵。父母要教導孩子，看重自己的優點並且多和孩子交流，加強溝通，增強他們的自信心，成為一個有思想、有主見的人，不被別人的意志所左右。

(4) 家長樹立榜樣

我們在為孩子的迷失而責怪社會和環境的時候，我們忘記了自己的責任。自己是一個被同儕壓力牽著走的人，還是一個言行一致的人，孩子看得出來也會模仿。

第 4 章
彌補原生家庭中的缺陷

第 4 章　彌補原生家庭中的缺陷

4.1　媽媽，你別討厭我……

對每個人來說，他人都是一面鏡子，個人透過社會交往了解到他人對自己的看法，從而形成自我。

—— 查爾斯・庫利（Charles Horton Cooley）

帶女兒在公園玩，偶然聽到一個 3 歲左右的小男孩和他媽媽的對話。

「不准在公共場所大吼大叫！你知不知道我最討厭你大聲吵鬧……」年輕的媽媽氣急敗壞的對著小男孩吼道。

小男孩低著頭，因為年齡小，還有點口齒不清，嘟囔著：「喔，媽媽討厭我大聲說話……媽媽還討厭我吃飯前不洗手……媽媽還討厭我在牆上畫畫……」

這一句句的「討厭」，傳到我的耳裡顯得特別刺耳。

在孩子的教育上，我很少使用「討厭」這個詞，當孩子調皮搗蛋不聽話的時候，我會很嚴肅地告訴他們「我不喜歡你這樣做」，但是我不會說「我討厭你這樣做」。

因為這兩個詞在表達上雖然意思差不多，但是程度卻相距甚遠。

「不喜歡」僅僅是表達你對這件事情的態度，而「討厭」則是達到了一種厭惡的程度，它會直接影響一個人的情緒。

有位心理學家曾經說過 —— 語言暴力真的會變成一

把凶器。

　　此時此刻，我彷彿能感覺到那個小男孩的心正被它一下一下地刺著……

4.1.1　幼年時期形成的負面心理，一生無法釋懷

　　曾經在網路上看到這樣的案例，一個女孩興沖沖的買了生日蛋糕給媽媽，女孩對媽媽說：「媽媽，以後我養妳！」結果媽媽非但沒有高興，反而說了一句：「我可不用妳養，我有你弟弟呢！」女孩瞬間呆住了，她把蛋糕從窗戶扔下樓，從此再也沒有跟母親說過話。

　　多年以後，女孩結婚生子，仍然無法原諒母親。母親打電話說想看看孫子，女孩只回了一句：「讓妳兒子抱孫子回去。」

　　「即使過去幾十年了，每當想起那句話，我依然心痛，非常非常心痛。我永遠不會原諒她。」女孩說。

　　經過這麼多年，女孩仍然無法原諒自己的母親，只因當年的一句話。

　　心理專家認為，教育者微小的心理變化如果表現在臉上和語氣中，甚至嘲弄辱罵中，無形中會形成一種負面的心理，這種心理會改變孩子的一生。

4.1.2　以偏概全的定義孩子的三觀

有位網友形容自己的童年是灰色的。

「我性格比較內向，小時候膽小不敢跟其他親戚小朋友們一起玩。有一次，我想等他們離開我家後再出房間，剛好被我奶奶看到了，她就跑來說『你這個人怎麼這麼陰陽怪氣，死氣沉沉的！』如果有一點小事沒做好，接著就會有一堆『你到底有什麼用啊！』、『找個東西都找不到，你是不是眼瞎！』的數落。」

每次聽到奶奶這樣的責罵，他都會感到很難過。長大以後，他內心一直很自卑，不懂得如何表達愛，在人際交往方面也表現得很敏感。

孩子的三觀尚未形成，如果以偏概全來定義就會被孩子內化（Internalization），內在的批評聲音隨時都會活化。

每當失敗時，這種批評聲音便會成為一種反芻思考式（rumination）的喋喋不休：「你沒用、你永遠做不好、你去死了算了……」

當負面的定義一旦形成，就會無形中加重孩子的自卑感。

4.1.3　青少年犯罪來自幼年遭受的語言暴力

近年來，儘管青少年的人口總數在下降，被法庭判刑的未成年罪犯卻增加超過一倍。

一個鮮為人知的研究表明，青少年犯罪與童年時期遭受語言暴力之間有強烈的關聯，但是對兒童的語言暴力彷彿是個禁忌話題，既不會被廣泛討論也不易被察覺。

「豬腦，怎麼不去死！廢物，就知道吃……」

某心理學教授表示：「同伴或老師施加的語言傷害會在孩子的心理投下一種陰影，致使他們不再相信外部世界，覺得這個社會是冷漠的、惡毒的，並對社會產生一種強烈的排斥感……」

自尊心極強或特別敏感的孩子會把這些不經意的責罵放大，從而產生憤怒甚至仇恨的情緒，孩子在成年以後，待人接物會表現出偏激、憤世嫉俗甚至窮凶極惡。

4.1.4　拒絕語言暴力

語言暴力不僅僅是指一句話，說話的方式、情緒、使用的字眼都會產生巨大的殺傷力。

同一句話，不同的語氣、語調和用詞的效果是截然不同的。

舉一個簡單的例子，比如孩子想要妳帶她去動物園，而妳恰好手上有工作要做，

如果妳說：「寶貝抱歉，媽媽手上有工作，改天帶你去可以嗎？」這種表達方式不會造成孩子心理上的傷害，你只是表達事實而已。

但如果妳說:「你怎麼這麼不懂事?沒有看到媽媽在忙嗎?你為什麼總是添亂!」這種表達方式帶有批評性,敏感的孩子會覺得影響到媽媽工作是自己的錯,事實上,這已經對孩子的內心造成了傷害。

拒絕語言暴力,是否應該從當下開始?

(1) 放低音量,盡量用平和的語氣跟孩子說話

當孩子哭鬧的時候,我們經常會用更大的聲音去壓制孩子,想把他鎮住,但這樣往往適得其反。孩子要麼大聲哭鬧,要麼高聲反抗,雙方的情緒越來越激烈,最後你暴打孩子一頓收場,可是孩子心裡還是百般的不服氣。

這種情況下,不如讓孩子平靜一下,盡量降低自己的語調,這樣做可以控制情緒,同時也會降低孩子的反抗,因為孩子的內心感受到被尊重。

(2) 注意說話的措辭

在教育孩子時,運用適當的措辭能讓孩子更容易接受家長的話。比如「我愛你,但是你的行為我無法接受」,這種話雖然聽起來有點生硬,但是,孩子能夠明白,雖然爸爸媽媽是在糾正我,但他們還是愛我的。在這種心理暗示下,孩子對家長提出的批評、意見也更樂意接受。

（3）正面表達你的期望，不要用反話或挖苦諷刺

我們說「拒絕語言暴力」不是說「不能罵孩子」。在批評、教育孩子的時候，除了運用正確的聲調、語氣和措辭外，家長還要注意把你對孩子的期望和要求解釋給他們聽。

比如你可以說「我希望你遵守紀律」而不是說「你怎麼能不遵守紀律呢？」兩者雖然表達的意思是一樣的，但是表達方式不同帶給孩子的感受完全不一樣。

對於孩子而言，怎麼說比說什麼更重要。

語言是用來表達愛的，包容是最大的力量，別讓我們的一時口舌之快帶給孩子終生的傷害。

4.2　解讀離異家庭孩子的心靈密碼

4.2.1　離異，陰霾背後的傷

一大早看到高中同學李奇發了一篇文，內容大概就是感情結束，開始新生活的意思。

離婚了？

我很詫異，李奇高中畢業沒讀大學就跟著朋友創業，現在的他也算事業有成。

他是同學中最早結婚的，妻子貌美賢惠，是一起創業的夥

伴，如今家裡豪宅幾處，兩個上小學的兒子非常活潑可愛。

去年同學會，看到他一身高級西裝和一副被幸福滋潤的表情，大家一致感慨，所謂成功的人生也不過如此吧！

想不到……

我趕緊私訊確認，得到的答案是肯定的。

「孩子怎麼辦？」我問李奇，聊到最後總要聊到最現實的問題。

「哎，一人一個……」他傳了個哭臉給我。

「孩子的情緒怎麼樣？」

「他還好，我現在眼裡只有他，全部精力都在他身上了。」

如今，離婚早已不是什麼新鮮事，而離婚率也在呈現逐年攀升的態勢。

高離婚率的背後是單親家庭的增多。很多來自離異家庭的孩子表面上看跟其他家庭的孩子也沒有什麼太大的區別。

但是是否可以認為現在的孩子內心更強大了，不需要特別的關注了呢？答案肯定是否定的。

離異家庭中的孩子，不得不面對家庭結構的破裂、家庭教養方式的改變。

事實上，即使父母雙方「和平分手」也不可能做到「一了百了」，無論如何都會對孩子心理造成或多或少的影響。

4.2.2　解讀離異家庭中孩子的心靈密碼

1・不同年齡層的孩子對於父母離異的感受各不相同

離異家庭在決定離婚前，家庭中的爭吵、冷戰會造成孩子內心極大的不安全感，而且年齡越小的孩子對於父母的依戀越強烈。

婚姻關係的瓦解會讓孩子感到巨大的被遺棄感，而這種來自外界環境變化的壓力會阻礙孩子正常的心理發展。

由於孩子心理發展成熟度的不同，離異對不同年齡層的孩子所造成心理影響的層面也不盡相同。

（1）嬰兒期的「退化情感」反應

嬰兒期（0～3歲）的孩子因「親情中斷」的焦慮會產生「退化情感」（regression）的反應。

「退化情感」是一種被自我用來防止焦慮的防禦機制，這種焦慮使人退回到發展的早期階段和那種需求很少和相對安全的行為。

比如2歲多的孩子本已學會走路和說話，但在父母離異後，會變得像更小的時候一樣，不肯自己走路，動不動就哇哇大哭，以此來博得更多的關注。

（2）幼兒期的自我價值感降低

幼兒期（3～6歲）的孩子，對於父母離異這件事本身是懵懂接受的。

根據心理學家艾瑞克森（Erik Homburger Erikson）對兒童心理發展八個階段的解讀，幼兒期是開始主動探尋世界的階段，面對外界的變化，他們常常會產生畏懼、內疚、恐懼的心理狀態。

正常的兒童在幼兒期發展的主要任務是發揮主動性，克服內疚感。如果沒有得到充分的鼓勵和發展，孩子會感到自己沒有價值，表現為自責、迷惑、焦慮。

有一位幼教老師曾講過這樣一個案例。

有個6歲的小女孩，她的父母離異，她被判給了母親，平時主要由母親和外婆一起照顧。每天送到幼稚園的時候，孩子的母親總要反覆叮囑老師，一定要外婆或媽媽來才能接走，她生怕孩子的爸爸在上課期間將孩子帶走。

孩子在幼稚園總是躲在角落裡，很少跟他小朋友一起玩，不得不回答問題的時候，就用點頭搖頭來代替。孩子的父母因為父親外遇而離婚，她幾乎見證了每一場父母在婚內的爭吵、爭奪撫養權的過程，而母親也經常對她抱怨、嘮叨，結果孩子越來越沉默，膽子也越來越小了。

(3) 童年期孩子的「內傷」

童年期（7～12歲）的孩子處在小學階段，已經開始社會性的發展。

自我意識（自我評價能力和自我控制能力）是在兒童與環境相互交往過程中形成的。

有意識自我評價與無意識自我評價的衝突導致自我概念的模糊。

研究發現，自小離婚家庭的孩子在外顯自尊（有意識的自我評價）上和普通家庭沒有區別，但是在內隱自尊（無意識的自我評價）上存在顯著差異。

離異家庭的孩子外在表現與普通家庭孩子一樣活潑可愛，但無意識層面卻可能自我評價很低。這種意識和無意識層面間的矛盾與衝突，導致離異家庭孩子自我概念偏低。

自我概念模糊，即對自己沒有一個穩定的看法，不知道該如何表達自我，也不知道什麼是最適合自己的，往往因缺乏主見而盲從。

這是個體心理不夠健康的一種表現，且由於問題出在無意識的內隱層面，往往是一種不易被發現的「內傷」。

對年幼的孩子來說，害怕家庭架構的改變，歸根究柢是孩子害怕失去原有完整家庭結構下父母對自己的愛。

原有家庭結構被打破的情況下，孩子暴露在更高危險的環

境中。孩子們會想，原本相親相愛的父母不再相愛，那他們是不是也不再愛我了呢？

　　事實上，因婚姻關係結束而完全拋棄孩子的父母並不多見。但很多家庭會在有意無意中詆毀、中傷對方，這會讓孩子覺得已分開的父親或母親不再愛自己，這就可能造成不可逆的傷害，導致他們出現「高外顯—低內隱」現象。

　　這些「高外顯—低內隱」的孩子，不僅自我概念清晰度低，而且在主觀幸福感（subjective well-being）體會上也不如其他孩子，從而導致他們成為「不幸福」的人，影響孩子未來的婚姻關係。

　　獨裁型、懲罰型或溺愛型的家庭教育方式會剝奪兒童練習自我控制的機會和動力。

　　普通正常家庭中也會出現上述三種教育方式，但相對來說，單親家庭（包括喪偶家庭）更容易發生這樣的情況。

　　A・強勢的單親母親

　　抽樣調查顯示，離異家庭中單親母親撫養孩子的比例占到70%左右，當一個離異的女子決定獨立撫養孩子的時候，勢必做好了獨自抵抗風雨的心理準備，而在生活的歷練中，這樣的心理暗示會催生出一個強勢的性格表象。

　　很多雞湯勵志文都會引用一句話「女本柔弱，為母則剛」，

實際上都是在暗示單身母親要做出這樣的選擇。

B‧懲罰、溺愛型的單親父親

單親父親在教育孩子方面往往會走兩個極端，一種是嚴厲懲罰型，望子成龍，有些也是在與前妻負氣，希望孩子雖然離開了生母，但一樣有出息、能成才。

另一種出於補償心態，如跟我在本節開頭提到的老同學李奇，對於離異造成孩子的傷害感到內疚，因而千方百計補償孩子的心態。

這兩種教養方式實際上都是不同程度上的「控制」，無論是強壓還是放縱，都會讓孩子無法養成自我控制能力。

在這樣環境下成長起來的孩子，要麼是不堪重負而逃學、網路成癮；要麼是對父母事事依賴，出現各種的行為或心理問題。

(4) 青春期孩子的心理異常

青春期的孩子正處在叛逆期，這個時期是他們人生發展的巔峰時期，對外在環境的作用非常敏感。他們有很強的自尊心，渴求得到同伴的接納肯定和喜愛。

父母關係的不和諧使青少年受長期、慢性的心理困擾，從而產生情緒、認知和人際關係的失調。

而青少年的自制力相對較差，自我保護、心理防禦能力

弱，尤其那些人格上具有焦慮、自卑、憂鬱傾向的孩子，更容易出現心理問題，嚴重的可能引發心理疾病。

青少年犯罪的比例也比其他年齡層要高。

2‧不同性別的孩子受影響的程度各不相同

在社會關係方面，學校裡的問題，對男孩影響比對女孩更為嚴重和持久，這種性別差異，年幼兒童比年長兒童更為顯著。

但在未來兩性親密關係中的影響，對女孩比對男孩顯著。

(1) 在社會適應性方面，女孩普遍比男孩適應得好

離婚家庭的女孩隨著年齡的增長，在社會行為評定方面越來越接近完整家庭的女孩，而離婚家庭的男孩則在高年級顯示出與完整家庭的男孩的差異增加的趨勢。

(2) 在智商方面也有差異

女孩與男孩相比，在生活技能、能力評定、同伴擁戴、樂觀情緒以及幾項學業成績標準（如閱讀和拼寫、閱讀和數學評定）等方面成績較好。

(3) 在未來的兩性關係中，女孩受影響的程度更大

在單親家庭中（尤其是父親離開的家庭中），女孩會比正常家庭中的孩子早熟。這種早熟不僅僅是心理上的，而且是生理上的。

　　心理學家給予的解釋是，如果你在家庭生活中得不到關愛，你往往就會從其他的關係中獲得，比如戀愛關係。這一點在父愛缺失的家庭中也得到印證。

　　而青春期戀愛中的女孩子很容易受到傷害，傷害後又會促使她們對親密關係的懷疑和不信任。

　　單親家庭中的男孩子往往會表現孤僻、憂鬱、缺乏安全感，有偏向女性化的特質。

4.2.3　為孩子心靈撐起一個完整的家

（1）正視孩子內心的傷痛，被愛的孩子可以很堅強

　　單親家庭的父母應該根據孩子的性格、年齡等因素，以孩子最能接受的方式，平靜、真誠、耐心地向他們解釋離異的原因，爭取他們的理解，教會孩子應付來自外界的各種詢問，並讓孩子理解單親家庭也是正常的社會現象。

　　西方國家離婚夫妻的一些做法也值得借鑑 —— 離婚夫妻認為離婚或再婚的原因通常都和孩子無關。

　　他們這樣做的目的是追求自己的幸福，並明確地把夫婦兩人之間的事和孩子分開，讓孩子知道雙親感情不和或離合與子女的存在無關。

　　這種做法也更加潛移默化地影響到孩子，讓他們從思想上

減少對父母的依賴。

　　還有更重要的一點，西方國家的父母們會經常告訴他們的孩子：「你必須學會照顧自己，學會保護自己！」他們認為保護孩子是孩子自己的事情。

(2) 和孩子一起走出陰霾

　　無論父母哪一方承擔撫養孩子的職責，都要為孩子撐起一片天，把離婚對孩子生活的影響降到最低。

　　在父母離婚最初的一段時間裡，孩子肯定非常不適應，這時候，家長不僅要多和孩子進行交流、溝通，還要特別注意幫助孩子充實生活。

　　由於家庭結構的不完整，單親家庭的生活比較單調，孩子容易感到精神上的空虛與寂寞。為此父母每天再忙也應抽空多陪陪孩子、和孩子聊聊天、傾聽孩子的心聲。

　　此外，由於日常生活中缺少了父親或母親，相較於其他的孩子，單親家庭的孩子接觸社會的機會也相對減少，社會知識也不夠豐富，所以家長應該幫助孩子擴大社交圈，多認識一些朋友、多讀書，使他們的身心能夠健康成長。

(3) 彌補角色的缺失

　　在青少年心理成長的過程中，性別角色的學習是一個重要環節，父親和母親有著無法取代的作用。

因此，對於單親家庭的父母來說，要特別注意彌補孩子由於缺少父愛或母愛所帶來的負面影響。

單親家庭中，家長應多多利用親戚、朋友中的性別資源，給孩子應有的、適宜的影響，以保證男孩的陽剛之氣和女孩的陰柔之美，以免造成兩性角色上心理與行為的偏差。

例如，對缺少父愛的子女，母親要加強他們的獨立、自主、勇敢、果斷等方面的性格教育，刻意帶他們多接觸一些成熟的、自信的、有責任心的成年男子。

與此同時，離婚父母也應該保持正常的互動關係，不應在孩子面前醜化另一方，破壞他們的親情，要使子女盡可能地享受父母的關愛。

身為父母，如果不能再給予孩子一個完整的家，那麼請給孩子一份完整的父母之愛。

這份愛與平和，能讓孩子始終對愛擁有信心和期待，能讓孩子依舊擁有感受幸福、創造幸福的能力！

4.3 我怎麼不會愛

每個孩子都渴望接近父母，並從中找到愛、被保護和安全感。

如果孩子在他幼時經歷了與父母分開或者被拒絕，又或是

在情感上被傷害，這種接近的欲望就會被狠狠的切斷。

——　海靈格（Bert Hellinger）

4.3.1　在親密關係中，如同一個旁觀者

想講一個故事。

一個 18 個月大的孩子，因為父母工作繁忙無法照顧而被送回老家，由爺爺奶奶照顧。

分開那一天，怕忍受不了分離的悲傷，年輕的父母趁孩子在廁所玩水的時候偷偷離開。

到了睡覺的時間，孩子到處找媽媽，他找遍家裡的每個房間，都沒有媽媽的身影，孩子很無助，他開始哇哇大哭起來，一邊哭還一邊不停地找：「媽媽呢？媽媽去哪了？我要媽媽⋯⋯」直到哭得精疲力竭睡著了。

第二天，孩子仍然邊找邊哭，最後又累得睡去。

第三天，孩子絕望了，不再找媽媽、叫媽媽了，開始像小尾巴一樣跟在奶奶身後。

遠在他鄉工作的父母很少回來看孩子，只有過年的時候，孩子才能見到父母一面，可是春節一過，爸爸媽媽又像風箏一樣遠遠的飛走了。

爸爸媽媽在孩子的記憶中漸漸變成了抽象的符號。每次有

4.3　我怎麼不會愛

人來家裡玩，若問「爸爸媽媽呢？」孩子會指指牆上的婚紗照。

慢慢地，孩子習慣了在田間奔跑、在爺爺的背上玩耍、在奶奶的懷裡撒嬌。父母回來，孩子反而會很拘謹，媽媽想抱抱他，他卻躲在奶奶身後怎麼叫都不肯過去。

到了要上學的年紀，孩子被父母接回身邊，臨走的時候，孩子抱著奶奶的大腿，哭得肝腸寸斷，死都不肯離開，後來被父母連拉帶拽的拖上了火車。

孩子哭了一路，一如父母離開那天。

上學之後，男孩很努力，課業成績優異，從小學到國中再到高中，基本上沒讓父母操心過。

大學畢業後憑著自己的實力，男孩找到一份在大型企業的工作，事業一帆風順。

然而到了該成家的年齡，相貌堂堂的男孩卻一直找不到合適的另一半。先後交往了幾位女孩，卻都因對方覺得他太過冷淡而不了了之。

男孩很苦惱，在兩性親密關係中，自己始終如同一個旁觀者，無法投入也感受不到愛情的甜蜜。

一個人的時候，他常常問自己：「我怎麼不會愛？」

4.3.2　親情中斷在幼年的孩子心中植下深深的洞

男孩其實很可憐，在 0 ～ 6 歲期間先後經歷了兩次「親情中斷」。

第一次，與父母分離，來到陌生的爺爺奶奶家。

第二次，好不容易與爺爺奶奶建立起連繫又被迫中斷，回到已經陌生的父母身邊。

親情中斷是一種非常嚴重的心理創傷。

一個孩子脫離了他的原生家庭，他的內心會極其渴望父母。但他又找不到他的父母，在一個強烈需要穩定照料者保護的孩子面前，他的感受就是「我被拋棄了，我又被拋棄了」，在他的內心中會產生強烈的絕望、無助和憤怒。

通常來說，0 ～ 6 歲（尤其是 0 ～ 3 歲）的孩子，最好和父母生活在一起，受到父母的照顧。

如果必須和父母分開的話，分離時間不宜過長，因為 0 ～ 3 歲孩子的神經系統還沒有足夠的承受力，如果跟父母分離時間過長，會產生極大的恐懼，對於孩子來說，就是一個巨大的情緒創傷。

心理學家曾做過一個「鐵臉實驗」。

實驗讓一群 1 ～ 2 歲的孩子在遊戲室裡玩，媽媽們全部出去，讓這些孩子自己玩。

孩子玩了一會，突然發現媽媽不見了，便開始哭、開始叫。

實驗規定不管孩子怎麼哭怎麼叫，媽媽都不能理他，都要拒絕他。

哭鬧了一陣子，突然有一刻，所有的孩子都不再哭了，全都安靜下來了。

這時候媽媽再進來逗孩子，孩子的表情都成了「鐵臉」，沒表情了、麻木了、不理媽媽了。

這實驗讓我們清楚地看到當孩子被拒絕、被忽略時所受到的情感創傷，而這些傷痕並不會輕易被抹去。

幼年因親子關係中斷所結下的失望、憤怒在心中淤積，變成心中一個個深深的洞。

4.3.3 幼年的分離傷痛成為一輩子不可言說的痛

這些深深的洞在人的潛意識中內化成無法改變的信念。

(1) 對信任的恐懼

小紅的父母在小紅未滿週歲時去外地工作，父母探望她都是趁她熟睡時悄悄的離開，或是騙她說出去辦事馬上回來，而這一去就是漫無止境的等待，年幼的小紅陷入深深的絕望之中。

以至於她在很長一段時間裡，搞不清楚父母對她說的話哪些是真，哪些是假。最後她乾脆選擇都不相信，父母說的任何

話，她都會本能的抵觸。

　　成年之後，步入社會的小紅仍無法卸下心中盔甲，連自己的父母說的都是假話，還有誰是值得信任的人呢？

(2) 情感的封閉

　　在數次與父母分離的憤恨、痛苦表達無果後，孩子會覺得自己的表達方式是不合理的，於是他選擇壓抑自己的感受和情緒，盡量不再表達感受。

　　因為他認為表達了也沒有人會理解，更不會有人懂他。

　　壓抑久了，體會自己感受的能力就被大大弱化了。

　　久而久之，他就會養成自己的感受不重要的心理習慣。所以長大後，他的內心是空的，因為他很早就與自己的情感、情緒失去了連結。

　　他不懂得自己的情緒、情感，必然也不會察覺到別人的情緒、情感，從而不知道如何與人互動。

　　很多時候，他跟別人之間似乎都隔著一堵牆，無法產生真正的感情流動。

(3) 親密關係很難建立起來

　　內心傷痕累累的孩子，等他長大後就會發展成兩種狀態。

　　一種是到處去找愛，去找那些可以給他肯定和安全感、讓他依賴的人。

　　小時候得不到父母的重視，大部分人都是找另一半來補足這個需求。一旦進入親密關係，就可能沒完沒了地要求對方做無條件的接納，如果對方沒有達到要求，就可能引發一場大戰，這也是很多戀愛、婚姻關係最終走向破碎的重要因素。

　　另一種就是覺得自己不需要愛，用冷漠和隔離保護自己。如案例中提到的男孩。

4.3.4　任何事情都比不上孩子在身邊的幸福

　　很多跟孩子分離的父母，他們也意識到親情中斷給孩子造成的影響，但是很多人還存僥倖心理，認為再奮鬥幾年、創造更好的物質條件後，再把孩子接到身邊好好的補償。

　　其實孩子心理成長最關鍵的就是 0～6 歲這個階段，一旦錯過，所造成的傷害是不可逆的，一生都無法彌補。

　　多給孩子一點愛，盡量避免「親情中斷」現象出現。

　　愛，終於開始流動。

　　愛，終於不再遙遠。

　　讓孩子的身體解凍，讓他的情緒流動，讓他和父母重新建立愛的連結。

4.4　別讓孩子成為下一個施暴者

「沒有敵意的堅決和不含誘惑的深情」是心理學家科胡特
(Heinz Kohut) 的教育名言。

他的核心觀點是讓每個家長學會以「同理心」平等對待孩
子，這也對父母完善自身的人格提出了挑戰。

4.4.1　校園裡愛施暴的小霸王

兒子有一天回家時說：「班上的小 d 跟一個女生打架，把女
生的臉抓破了，女生的家長找小 d 的母親理論，這已經不是第
一次了。」

每次一有家長找小 d 母親理論，他母親總是說：「我可管不
了他，我回家讓他爸爸教訓他吧⋯⋯」

小 d 是個脾氣暴躁的男孩，在班上經常會跟同學發生肢體
衝突，同學們都不太喜歡跟他玩。

有一次我無意中跟兒子說起班上的同學，提到小 d，我問他
小 d 是不是他的好朋友，兒子搖著頭說：「他那麼愛打架，動不
動就動手打人，我才不要跟他當朋友。」

因為同住在一個社區，偶爾我也會在社區裡見到小 d，這孩
子長得黑黑瘦瘦的，不太愛講話，家裡最近剛添了個小妹妹，
所以媽媽的精力幾乎都在妹妹身上，小 d 經常是爸爸帶著。父

4.4　別讓孩子成為下一個施暴者

子倆看起來不太交流，看得出來小 d 很怕爸爸。兩個人走路總是一前一後，爸爸走在前面，小 d 低著頭跟在後面。升上四年級後，家人不再接送小 d，剛開始的時候，我還總是以此教育兒子說：「小 d 好棒啊！他可以自己上下學。」可是每次看到他獨自背著書包回家的小身影，心裡都莫名有心疼的感覺。

　　一次班上另外一個孩子 S 的媽媽跟我講了一件事，班上幾個同學準備了英語舞臺劇的表演要參加社區舉辦的比賽，小 d 和 S 都是其中的小演員，初賽的結果很不錯，他們順利晉級到複賽。複賽的時候，老師、家長們都很重視，希望能夠贏得好名次。利用課後時間也多次帶他們排練，結果等到馬上要上場的時候，因為一點小事，小 d 突然大哭大鬧起來，他的媽媽怎麼勸他都不肯上臺，其他家長也都急得不行，因為他不上場就缺了一個角色，就沒有辦法演了。後來，S 的媽媽走過去，把他輕輕摟在懷裡，摸摸他的頭。沒想到令大家意想不到的一幕出現了，小 d 居然停止了哭泣，上臺完成了演出。

　　S 的媽媽跟我說：「這個孩子是多麼缺愛啊！」

　　再後來陸續了解到小 d 家裡的情況，小 d 的爸爸出身貧寒，透過努力讀書考上好大學，畢業後在電信業工作，非常有能力。

　　小 d 的爸爸對孩子要求嚴格，教育方式又粗暴，這跟他自身求學經歷有很大的關係，每次小 d 做得不好的時候，就是打，狠狠地打。作業寫錯了要打、成績不好要打、跟妹妹吵架

要打⋯⋯

孩子被打罵慣了，變得越來越叛逆，家裡其他人都管不了，只能交給爸爸，而爸爸呢？就是打！

所以，當孩子的負面情緒得不到釋放，就會轉向攻擊他人。

4.4.2　真的是不打不成才嗎？

「不打不成才」很多家長深信這句古話，他們認為打自家的孩子也不犯法，因為他們自己也就是這樣被打大的。

小 d 的父親拚命讀書，一心只想考上好大學，為了改變貧窮的命運必定付出了太多的努力，所以他對孩子的要求非常嚴厲。

和很多秉承「棍棒教育」理念的父母一樣，他也認為孩子不打不成才，棍棒底下出孝子。

人們都說現在的孩子嬌生慣養，以為孩子們整天被蜜糖醃製著，事實上，兒童教育中家庭暴力現象非常嚴重。

真的是不打不成才嗎？還是打了也成不了才，反而引發更多的問題呢？

（1）體罰與糾正不良行為的相關度

曾經在報紙上看到一個案例，說一個 13 歲的女孩，在國際青少年鋼琴大賽中獲得冠軍，而此佳績居然是她的父親在三年

時間裡抽女兒 400 個耳光得來的！

根據報導，這彷彿是一個成功的「不打不成才」的例子。

可是，一個平均兩三天就要挨一記耳光的孩子，她長大後會成為怎樣的人呢？皮膚上的痕跡可以很快消失，但留在心理上的創傷能消退嗎？

女孩子會長大，她將不只是一個「彈鋼琴的人」，她可能會是一位妻子、一位母親或是更多的角色……

身為更多的角色，她會如何去面對呢？

用一個單一的成就去賭孩子人格健全與一生的幸福是否值得呢？

美國新罕布夏大學研究發現，在 5 ～ 9 歲年齡組中，常挨打者的平均成績比不挨打者低 2.8 分。另有研究結果顯示，長期生活在體罰環境中，兒童的情商會受到負面影響。打罵教育固然有「管理速效」，卻抹殺了孩子的遠景發展能力和快樂發展能力。那些長期受到家庭暴力的孩子，有不良行為的比例明顯高於其他孩子。有 25.7% 的孩子「自卑」；22.1% 的孩子「冷酷」；56.5% 的孩子「暴躁」，這些都是未成年人犯罪的潛在動因。

有個朋友家的女兒，很小的時候來我家做過客，是個聰明伶俐的孩子，她的母親對她的管教十分嚴厲，常常因為一點小事就暴打一頓，有一次因為孩子不小心把家裡剛買的 ipad 摔壞了，被母親揪著打了大半夜，孩子嚇得躲在桌子下不敢出來。

現在女孩已經 15 歲了，經常撒謊、逃學，還結識了一些不良青年，她最大的願望就是快點長到 18 歲，就再也不回這個家，這個孩子的未來著實令人擔憂。

在嚴厲家庭環境下長大的孩子會變得自卑、性格內向、缺少人際溝通能力、缺少自我反思和自我管理能力、壞脾氣等。

(2) 體罰造成孩子的攻擊性行為增加

在一項有 273 名印第安納州和田納西州幼稚園兒童的研究中，研究者要求家長們填寫一份對孩子曾使用過的體罰類型檢測表。

這項測驗關注的是孩子的母親。6％的母親不使用體罰，68％母親打過孩子屁股，剩下的 26％的母親曾嚴重體罰孩子（拳打腳踢或毒打）。

在母親們報告了她們的體罰類型後，大約過了六個月，研究者觀察了這些兒童在學校裡與同伴間的相處情況，並記錄了他們的攻擊性行為 —— 例如，在哪些場合下他們受到欺侮或變得生氣而打了另一個兒童。

基於這些觀察，每個兒童都得到了一份每小時攻擊性行為的分數紀錄（如圖 4-1、圖 4-2 所示）。

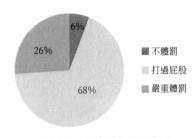

圖 4-1　母親對孩子體罰

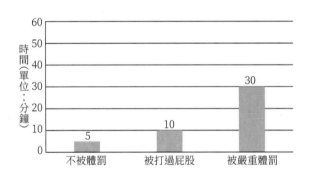

圖 4-2　不同孩子在一小時內攻擊性行為比例

　　研究結果顯示：母親的體罰越嚴重，兒童攻擊性行為就越多。這些數據生動的說明，兒童從父母那裡學會了攻擊行為。

　　這項研究清楚的表明，體罰並沒有人們預想會使壞孩子變好的效果。

　　經常受暴力體罰的孩子，不管是口頭上的爭吵還是身體的攻擊都會產生一種極端的反應，非常擔心自己的安全問題。

　　體罰經歷會讓孩子的安全感蕩然無存，也會使他喪失對環

境的控制能力。

(3) 體罰引發孩子大腦結構的變化

有一項研究顯示，孩子若 3 年以上每個月至少被揍一次，可能會對孩子的大腦產生明顯的影響。

研究者發現，經常被揍的孩子，前額葉皮質（prefrontal cortex, PFC）的某些區域中灰質明顯較少。這意味著孩子將來更有可能患上憂鬱症等精神障礙、更有可能酗酒、智商測試成績可能更差。

此外，科學家們還發現，如果孩子長期處在被忽略、虐待或者暴力環境下，會感受到有害壓力，大腦結構會發生破壞性的變化。

(4) 體罰造成孩子情緒障礙、人格缺陷

蒙特梭利（Maria Montessori）博士說：「每種性格缺陷都是由兒童早期經受的某種錯誤對待造成的。」

暴力家庭中，孩子最本能的保護自我的方式是「壓抑」。

人類作為複雜的生物，天生就有一套保護自己的機制，這類方式在心理學中叫「心理防禦機制」（Defence mechanism）。

孩子在比自己強大的父母面前，為了維護自己、讓自己生存下去，最常見的保護自我的方式就是「壓抑」。即把一些得不

到滿足的願望和需求，硬生生地擠到潛意識層面。

　　然而任何的壓抑都需要表達，潛意識中壓抑的情緒會以扭曲變形的方式呈現出來，對外就是攻擊比自己弱小的個體，對內就是攻擊自己，引起憂鬱情緒。

　　心理學家的研究發現，12 歲之前，是一個孩子的人格基本形成的階段，很多成年後的變態行為都與童年時期遭受的暴力壓抑的情緒有關。

　　如果孩子長期生活在家庭暴力之下，那麼在成長過程中，他的處世方式和處理衝突的方式可能就不太正確也不太健全。他會認為用暴力手段來解決問題是可以接受的，並且很可能在將來暴力對待他的伴侶或孩子。

　　2008 年奧地利曝出一件讓整個國家蒙羞、讓全世界震驚的事件。一位叫約瑟夫的父親，在地下室囚禁他的女兒長達 24 年，並對其性侵害使其生下 7 個孩子；並且還虐待自己的母親，把她關在閣樓上，經常讓她忍飢受凍，直至死去。當代社會為什麼還存在這種「怪物」？媒體深入調查的一些報導應該能說明：約瑟夫在童年時，經常受母親的暴力虐待。

　　這個極端的例子說明，畸形家庭教育有可能造成孩子很嚴重的心理陰影，以至於他成人後做出很嚴重的過失行為甚至犯罪。

4.4.3　沒有敵意的堅決和沒有誘惑的深情

常聽家長們抱怨 ——

這孩子太沒有規矩了，不打不行；

笨死了，教了 10 遍還不會，天天惹事：

忍無可忍了，說無數次，還會犯同樣的錯。

很多家長認知到打孩子的弊端之後，便傳私訊問我：「孩子打也不是，不打也不是，到底該怎麼辦啊？」

著名的教育經典名言：沒有敵意的堅決和不含誘惑的深情。

這兩句話表達的意思是「要合理地回應」。在胡克特的自體心理學（Self psychology）理論中，自我是一種心理結構，一個嬰兒自我的發展需要父母「恰到好處」的回應，個體會透過「內化」來完成自我的發展，這時父母的回應也會影響孩子自我的形成。

可能發生的情況就是 ——

父母過度的否定孩子，讓孩子覺得自己就是個錯誤，把父母的自我當成自己的自我，一切按照父母的期望行事，無法脫離與父母的連繫。

父母過度的肯定孩子，讓孩子認為自己全知全能，沒有承受挫折的經驗、能力，也無法正確的對待他與世界的關係。

沒有敵意的堅決強調合理的否定，既要對孩子的行為進行

糾正，同時也不能讓父母的自我過度投射到孩子身上，若父母用自己的理解過度糾正孩子的行為，對孩子是種傷害，這就是一種「敵意」。

不含誘惑的深情強調合理的肯定，既要對孩子的行為給予包容，也不能放縱孩子為所欲為，造成對自己和世界的不合理認知，導致喪失承受挫折的能力。

因此父母站在孩子的角度考慮問題非常重要。如果父母的愛給夠了，父母能不帶控制、不帶情緒的去用心聆聽孩子的真實感受，不必大打出手也可以解決問題。

上面是家長的抱怨，那孩子心裡又是怎麼想的呢？

我們從孩子的角度來反問家長——

你真的懂我嗎？

你是否耐心地詢問過我這樣做的真正理由是什麼？

你以為你個子比我高、力氣比我大就可以打我？

你打我只能使我表面上暫時聽話，我心裡還有更多的委屈和不屑呢！

不少教育專家、學者、名師，儘管口頭上也提倡「平等」對待孩子，其實在他們的邏輯中，兒童依舊是無知、莽撞、不懂規矩的，而大人是正確、謹慎、懂禮儀的，所以，大人們經常會以居高臨下的姿態對待孩子，用自認為正確的標準去要求孩子，而完全忽略對孩子的傾聽和尊重。

親子教育專家尹建莉曾經說過：「成年人最大的文明所在，就是站在兒童的角度，努力理解他的所想所為，以他樂意接受的方式對他的成長進行引導。你必須要把他當作一個『人』來平等對待，而不是當作一個『弱小的人』來征服。」

　　誠然，家長也是人，在面對孩子不可理喻的行為時，我們也可能不可避免地控制不住情緒，那麼如何調整自己的心態呢？

(1) 盡量控制不打孩子

　　在孩子犯錯的時候，家長要盡量控制自己的衝動情緒，你可以向孩子說出自己的感受，讓孩子知道你對他剛才的行為很不滿。比如告訴孩子「你剛才的做法讓我很傷心」、「我不喜歡你這樣沒禮貌」等等。描述自己的心理感受，有助於平撫情緒，也有助於讓孩子站在父母的角度思考問題，從而促進孩子的反思。

(2) 了解發生了什麼事情，給孩子說話的機會

　　不要急於給孩子貼標籤，比如，「一定是你犯錯了，老師才會罵你。」、「一定是你先動手的，不然他怎麼會打你」，如果不讓孩子從他的角度去敘述整個事情經過，很可能我們就憑自己的主觀判斷冤枉了他們。

　　有一次兒子的樂團要進行彩排，而其他非樂團的孩子都去

看電影了，我們以為他去排練了，因為回家的時候，他根本沒有提看電影的事情。過了幾天，另外一個樂團孩子的媽媽跟我說她接孩子的時候，看到我兒子沒有去參加排練而去看電影了。當時，我的第一反應就是孩子貪玩，為了去看電影沒有參加樂團的排練，還騙家裡去排練了。

我還是給了兒子說話的機會。我告訴他，媽媽已經知道當天發生的事情，但是我還是想聽他講講那天的事情。兒子猶豫了一下，還是說出了實情，原來那天他本來是去參加排練，可是老師說這次演出限制參加的人數，他們樂團拉二胡的人數滿了，也因他的程度跟其他團員比還差了一些，就沒有讓他參加那次排練，所以他就去看了電影。而他沒能夠入選演出的事情讓他覺得很自責，就沒有跟家人講。

聽了他的敘述，我覺得釋然了，他並沒有如我料想的那樣刻意隱瞞事實撒謊，而如果當時我一時衝動就直接給他冠以撒謊、貪玩的標籤，孩子的內心可能會很受傷。

很多時候，如果我們能耐心傾聽孩子的聲音，從他們的角度去看問題，很多事情也許並不像我們想像的那樣複雜。

(3) 詢問孩子此時的心情，讓孩子的情緒有個出口

腦科學研究表明，當一個人情緒激動的時候，外在刺激不容易被腦部吸收。也就是說當一個人情緒激動時，其他人說什麼他都不會聽進去，要等到他心情平靜下來，才可能冷靜思考。

　　所以如果我們希望孩子能夠聽得進去我們的意見，我們就需要先同理他的感情，讓他的情緒有個出口。

　　如我在前面提到的小 d 的案例，在那次舞臺劇的表演前，可能是由於緊張或是其他原因讓他的情緒失控，而 S 媽媽的一個擁抱，讓他找到了一個情緒釋放的出口。因為人在擁抱的時候，身體會產生一種荷爾蒙 —— 內啡肽，這種荷爾蒙能讓人心情平靜下來，對制止孩子的暴躁脾氣以及填補內心的安全感有非常大的幫助。

　　許多長期缺乏父母關愛而患上自閉症（Autistic disorder）的孩子，除了一些治療藥外，每天多抱抱他，也能有不錯的改善效果。

（4）聽聽孩子內心真正想要什麼

　　這時不管孩子說出什麼驚人之語，先不要急著教訓他，應冷靜地接著問他：「那你覺得有哪些什麼辦法？」

　　在這個階段，不妨跟孩子一起做腦力激盪，想各種點子，合理的、不合理的、荒唐的、可笑的、噁心的、幼稚的……腦力激盪的重點就是允許任何看似無稽的想法，所以這時候不論聽到什麼，都暫時不要做批評或判斷。

　　了解孩子的真正需求，才是解決問題的關鍵所在。

(5) 自然懲罰法，就事論事

傑出教育家馬卡連柯（Anton Makarenko）說：「家庭生活制度一開始就得到合理發展，處罰就不再需要了。在良好的家庭裡，永遠不會有處罰的情形，這就是最正確的家庭教育的道路。」

孩子犯了錯，無須過多批評，讓孩子自己承受行為的過失或錯誤所造成的後果。對於年幼的孩子，家長還可以告訴孩子修正錯誤的具體方法，教導孩子自己去彌補錯誤。

比如，牛奶打翻就暫時不能喝牛奶了，同時，孩子還需要自己來清理桌子上的牛奶。

這種做法不但讓孩子明白了自己的錯誤可能導致什麼結果，也能夠讓孩子在承擔後果的過程中產生悔改的想法，有利於避免孩子再犯同樣錯誤。

如果孩子的過錯不大，家長可以對孩子已經發生的錯不過分追究，而是透過對他行動上的限制，比如沒收他喜歡的東西、限制他玩遊戲的時間等間接懲罰的方式，讓孩子記住這次的教訓（如：作業做不好，就取消看動畫的時間）。

當然，父母最好還要對孩子之後的行為提出明確要求，孩子應該怎麼做、達到什麼要求或標準，表明對孩子下次行為的期望。

不要因為孩子聽話才愛他，不要因為他取得了某個成績才

欣賞他，更不要因為他不遂我們的心就打罵他。父母之愛應該是無條件的，對孩子的尊重也應該是無條件的。

—— 尹建莉

4.5　情感空巢：養而不教是瀆職

留守兒童（left-behind child）是指因父母離鄉工作，導致長期與父母分開居住和生活的兒童。

缺少父母的陪伴、缺乏心靈的關懷，他們如何健康成長是不容忽視的問題。

留守兒童心理健康狀態如圖 4-3 所示。

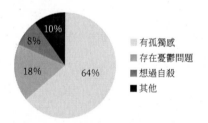

圖 4-3　留守兒童心理健康狀態

4.5.1　13 歲少年的殺母事件

曾讀到一則令人震驚的新聞，13 歲的少年在家中親手殺害了親生母親。

少年在事發 4 天後被警方帶走，當時他正在學校上課，在

188

4.5　情感空巢：養而不教是瀆職

這段期間，一向沉默寡言的他依然像往常一樣上學，沒有人發現他有異常。

警方調查發現，12 月 5 日案發當天他還曾登錄過兩款手機遊戲。

在被抓不到 3 小時前，他轉發了一影片，原影片的標題為「你當年為什麼入坑這款遊戲？」

他的網名叫「槶」，從字面意思來看，槶由「木」字「殺」字組成。

警方提到了死者的死因：「經現場勘查、屍檢及調查情況綜合分析，其死因符合被有鈍、有銳的工具刺、切、砍全身多處，致創傷性失血休克死亡。」據死者的女兒描述「母親的身體上有很多傷，頭部沒有一處是完好的」。

少年從小跟爺爺奶奶生活在一起，母親和父親常年在外工作，只有過年才會回家一趟。母親於 11 月 14 日回家。按照親屬的說法，她這次回來，除了幫一位親戚慶生、看望剛結婚不到一年的女兒外，最主要的一個原因是少年在學校偷了老師的手機。

這不是他第一次偷竊，少年偷竊的行為在鄰里間是出了名的。儘管父親對媒體否認兒子「偷盜成性」，但在多數人眼中，少年就是一個「愛偷竊」的「壞孩子」。

除了偷鄰居和朋友的財物，他也偷家人的。

姐姐回憶起，自己知道他有偷竊行為時，他已經 10 歲了，「他偷自己家的錢，剛開始幾塊幾塊地偷，後來膽子大了，偷對門家的手機」。

讓她耿耿於懷的是她結婚的聘金被弟弟偷拿了一萬塊，雖然最後追回來了 9100 元，剩下的 900 元，當天就被少年用來充值遊戲了。

母親這次回來也被少年偷了錢，後來爺爺奶奶把孫子藏在家裡，母親找過去也沒抓到人。後來他又向母親要生活費，母親沒給。

姐姐不知道事發時母親和弟弟是否起了爭執，又是什麼原因起的爭執，但慘劇發生了，母親死了。

到底是什麼原因讓少年如此兇殘地對待自己的母親？「留守少年」的問題到底出在哪裡？

4.5.2　家長責任缺失導致兒童情感缺失

留守兒童的多重特徵導致了他們在成長的過程中往往壓抑自己的真實情感需求。

親情的缺失導致他們「愛人」的能力相對不足，這種情感的表達能力在他們成長過程中並未完全培養出來，他們無法準確地表達對父母的情感。

尤其對一些 3 歲前就經歷了親情中斷的孩子，由於跟父母

情感紐帶的斷裂，所以在成長過程中，很難與父母之間建立起流動的愛。

　　對孩子來說，跟父母相互陪伴的經歷是非常重要的培養家庭觀念機會，所以大部分的留守兒童並不具備這種經歷，導致他們與父母之間感情疏遠，長大後也很難與其他人建立親密關係。也就是說，父母對子女責任的缺失導致了留守兒童情感認同的缺失。

　　上述案例中，這對母子之間的裂痕或許早已埋下。

　　外婆清楚記得外孫說過：「我不是我媽生的，我是我奶奶生的。」

　　父母常年在外工作，一年才回家一次，對少年來說，父母就是兩個陌生人，他無法感受到父母所給予的親情溫暖。

　　因為他偷竊的惡習讓父母覺得很丟臉，所以在僅有的共處時間裡，對於兒子的行為，母親罵過、打過，但不見效，感到對兒子已經「沒辦法」的母親曾經對女兒說自己「打得手累。」

　　這次母親又是因為他偷老師的手機這件事情而回家，母子二人因為此事發生激烈的爭吵，導致後來悲劇的發生。

4.5.3　情感空巢讓孩子沉溺於虛擬世界

　　學習只是留守兒童成長的一部分，他們的身心健康和性格培育亟待關注。

在沒有家長的看管下，孩子不但生活變得沒有規律，而且精神空虛、思想走向極端化，很容易形成「問題兒童」。

留守兒童的心理健康問題分別為適應不良（maladaption）、強迫症（Obsessive-Compulsive Disorder, OCD）、情緒不平衡、人際關係敏感、焦慮、憂鬱、偏執等。

父母外出工作，許多孩子短期或較長時間在缺乏父愛母愛的環境中成長，感到失落和孤獨，由於沒有信任和傾訴的對象而變得自我壓抑和封閉。多數人在校時鬱鬱寡歡，回家時形單影隻，精神上缺少必要的慰藉。

在一份對留守兒童的調查中，很多孩子表示：「如果遇到不開心的事情，是不會告訴任何人的。」他們解決煩惱的方法就是出去玩，讓自己把不愉快忘掉。從心理學的角度來說，負面情緒如果不透過正常的管道發洩出來，它是不會自己消失的，只能被壓抑到潛意識當中，形成負面的能量。

壓抑的時間越長，負面能量的力量越大，一旦超過心理承受範圍，就會在內心形成不合理信念，同時以變形的方式爆發出來。

案例中的少年，正是這樣一個沉默寡言的孩子。知情人士告訴記者，班上 60 多名學生，沒有人願意跟少年當朋友，他都是一個人在玩手機。

心理學家阿德勒曾經說過：「社會情感在兒童心理的正常發

展中有著決定性和指導性的作用，社會情感的任何障礙都會嚴重危害兒童心理和人格的發展。」

如果父母沒有教育好子女如何與他人相處，那麼孩子在團體中就會感到孤立無援，他們會因此被視為古怪、孤僻的孩子。這反過來又會強化孩子初始的孤僻傾向。

在學校孤立無援的少年，把網路遊戲作為自己全部的興趣愛好，使自己陷入虛擬的世界裡，在某款手遊裡，少年擁有 52 個「英雄」、28 件「皮膚」。遊戲裡的「皮膚」只能透過「點券」購買，而點券需要用錢購買，少則幾百元，多則上千元。

沒有錢，他就去偷或者跟父母要，而這最後一次，也正是因為他跟母親索要 400 元為遊戲充值未果，導致悲劇發生。

4.5.4 隔代教養的溺愛驕縱

由於父母外出工作，負責照顧留守兒童的祖父母往往十分溺愛孩子，盡可能地滿足其各方面的生活要求，事事依著孩子，長此以往，造成孩子放任自流，生活缺乏監督。

在外工作父母大多數用金錢彌補無法陪伴在孩子身邊的遺憾，經濟上的相對寬裕，使得留守兒童在養尊處優的環境裡，養成了「比吃、比穿、比裝備」的習慣，加上祖父母遇到孩子鬧彆扭時又用金錢做交易，更加助長了孩子價值觀的偏差。

少年的爺爺奶奶就是這樣，出於對孫子的溺愛，甚至多次

包庇其偷竊行為，並出錢幫孫子解困。親戚說：「去年上半年，他曾在附近手機店偷了價值 2 萬元的手機，當下就被發現了，店主追到外公家，最後爺爺奶奶出面，賠了對方 3 萬元，店主才罷休。」

一旦偷竊的行為沒有得到制止，並在某種程度上得到縱容，最後只會讓孩子一步步跌入罪惡的深淵。

悲劇的發生引起我們對留守兒童的反思，寄養孩子的父母們，千萬不要在孩子出現問題後，才想起自己的責任，這個代價太大了。

4.5.5　家長的監護權是父母不可推卸的責任

在近十年對留守兒童的持續調查中，留守兒童問題的出現，父母有不可推卸的責任。「若是父母把養育的責任推出去，這種教養方式可能短期內不會看到損害，但任何不良的成長過程都會成為影響孩子今後生活品質的病灶，同時帶給整個家庭數倍養育上的麻煩。」

(1) 陪伴是最好的教育環境

蘇霍姆林斯基（Vasyl Sukhomlynsky）曾說過：「健康的孩子是成長在這樣的家庭中 —— 母親和父親相親相愛，同時熱愛並尊重他人，在這種環境中長大的孩子心地善良、心靈健

康、真誠地相信人的美好、聽信教師的話、對影響人們心靈的事物能敏銳感受。」

對於孩子而言，普遍的「傷害」在於親情的缺失。從情感的深處來看，這種情感是祖父母無法代替的，在孩子的內心深處，他們還是渴望和自己的父母生活在一起，畢竟「父母才是孩子的第一監護人」。

有條件的父母在外工作盡量考慮將孩子接到自己的身邊，陪伴孩子一起成長，沒有條件的父母在外工作的過程中要關注孩子的成長，盡量做到身體力行的陪伴。其他的「代理者」都不能代替父母對兒童而言「真正的家庭意義」。

(2) 關注孩子的內心世界

精神分析裡有句名言：無回應之地，即是絕境。

調查中發現，很多留守兒童無法及時聯繫自己的父母，父母通常每個月打幾通電話給孩子，而每次通話內容也並非了解孩子的生活，關心最多的就是孩子的課業。孩子會認為父母只關心成績而不關心自己，進而產生內向、孤獨、自卑、不合群，不善於與人交流、頑皮任性等問題，這些問題會對他們幸福成長的個性養成產生負面影響。

父母應該跟孩子保持緊密的連繫，多了解孩子的成長狀態和內心感受，在外工作的父母應在力所能及的情況下，增加與

孩子聯繫的次數，讓孩子能夠清楚感受到父母對自己的關愛，不要讓留守兒童成為真正孤獨的孩子。

(3) 引導孩子的成長，而不只是物質資源的提供者

很多父母因無法陪伴孩子成長而內疚，便會滿足孩子一切的欲望和需求。一旦孩子出現「需求」時，父母往往會懷著愧疚去補償。

長此以往，父母和孩子之間的關係會變成孩子成為需求的主導，而父母僅僅是滿足的主體，這是一種不合理的、不健康的家庭關係，父母應引導孩子的成長，而不僅僅是物質資源的提供者。

在我們身邊，還有一群「寄養兒童」，比起留守兒童，他們在外部物質條件可能更為優越，但是這些孩子在精神上同樣是空虛和匱乏的。我在兒童早期教育中心曾經看過很多由保姆帶著的孩子，他們大多數來自富有家庭，他們接受每小時上千元的早期教育課程，有私人司機接送。在普通人看來，這些含著金湯匙長大的孩子過著普通孩子一輩子無法企及的生活，接受頂尖的教育資源，一生衣食無憂幸福無比，然而事實真的是這樣嗎？

我接觸過一對小兄妹，哥哥 6 歲，妹妹 4 歲，他們兩個都是從 1 歲左右就在早期教育中心上課，兩個孩子每週上 3 ～ 4 次課，分別由兩個不同的保姆帶著，在這幾年間，我只看過他

們的母親 2 次，而他們的父親，從來沒見到過。

兩個孩子雖然穿的、用的都是最貴、最高級的，但是他們看起來並不快樂，尤其是妹妹，有著同齡孩子少有的沉默、不合群，也不太跟人互動。兩個孩子雖然是兄妹，但是由不同的保母看管，他們之間似乎也很疏遠。

我見過太多生而不養的父母，他們甚至收入條件很不錯，僅僅是不願意被孩子捆綁了自己的自由，就把襁褓中的孩子「瀟灑」丟給老人撫養。很多人甚至分工做得細，孩子的爺爺奶奶負責帶一段時間，然後孩子的外公外婆再負責帶一段時間，這種不斷更換撫養人的方式，會在孩子的安全感建構上帶來更大的傷害。

事實上，孩子的幸福與否與他們和父母之間的相處有直接的關係。

當孩子遇到一系列的心理和生活的問題時，卻沒有父母的直接參與，就會導致在孩子心中，父母不再是他們的支持者，這種心理狀態會導致兒童對父母依賴感的逐步降低，進而導致孩子長大成人後對父母親情的淡漠。

(4) 父母需要外部的干預力量

從國外的經驗來看，加拿大的兒童保護制度強調外部強大的監督力量，在加拿大的曼尼托巴省，如果孩子在 7 歲以下，

別說夫妻二人在外工作，讓孩子長期留守在家，就是夫妻二人出門取個信或倒個垃圾，讓孩子一個人在家 5 分鐘以上都不行，7 歲以下的孩子如果獨自在家，被人發現第一次是警告，第二次是監控處分，如果再出現第三次的話，你的孩子就不再是你的孩子了。

養而不教是瀆職，這是社會之傷、國家之痛。沒有哪個孩子生來就是壞蛋，我們在孩子身上偷的懶、犯的錯、缺失的教育，最終都會加倍的報復在我們身上。

第 5 章

良性親子互動，激發孩子潛力

5.1　培養習得性樂觀思維，人生無往不勝

正向心理學（positive psychology）之父馬丁·賽里格曼花了 25 年試驗研究發現，通常我們認為成功的決定因素──能力和動機，並不能構成成功的充分條件，因為即使你智慧超群並且有成功的欲望，你仍然避免不了在成功的途中，被失敗打倒而一蹶不振，只有同時具備了堅持不懈的特質，最後才能走向成功，而樂觀則是堅持下去的精髓所在，因此，樂觀是成功不可或缺的必備條件。

5.1.1　樂觀或悲觀的「解釋風格」

曾經有人做過一個測試，被試者需憑直覺說出第一眼看到下面這個圖片（見圖 5-1）時，腦海中閃現的詞。

你第一眼看到的是哪個詞?

圖 5-1

有人的第一反應是「愛你」，有人看到的是「受傷」。

5.1　培養習得性樂觀思維，人生無往不勝

雖然單從這個題目無法斷定不同選擇是否對應著樂觀和悲觀的特質，但從選擇中，我們足以看到每個人看待周圍事物的角度有多麼不同，而正是因為這些角度的差異，讓人們對同一件事情產生千差萬別的個人主觀詮釋，並因此引發不同的情緒反應。

一個剛學會溜冰的孩子跟跟蹌蹌地在冰面上滑行，一不小心摔倒了，旁邊一個大姐姐笑著跑過來扶起他，男孩非但沒有感激，反而氣鼓鼓地跑回到父親身邊，連一句「謝謝」都沒有說。

父親很詫異，問他為什麼沒有跟大姐姐說聲「謝謝」，男孩委屈的說：「她剛剛分明在嘲笑我跌倒，嫌我笨！」

每個人對於挫折的解釋方法早在童年期就已經形成。我們都很希望童年是快樂、無憂無慮的，然而事實上，童年也一樣會受到悲觀及憂鬱的騷擾。很多孩子正承受著悲觀的痛苦，悲觀摧毀他們的學業、破壞他們的快樂。最為糟糕的是 —— 悲觀成為孩子看世界的方法。兒童期的悲觀是長大成人後悲觀的來源。

塞里格曼教授認為判斷一個人是否樂觀，要看他對於自身遭遇的挫折事件的解釋風格（explanatory style），這裡說的解釋風格是指對原因的習慣性看法。

通常樂觀的人，會把自己遇到的失敗挫折事件外歸因

（External Attribution），認為引發事件的原因是暫時的、偶然的，是由外部環境引起的。

相反悲觀的人，會把遇到的負面事件內歸因（Internal Attribution），認為引發事件的原因是永久的、普遍的，是由自己的人格特質決定的。

當一個人認定特定事件的誘因是永久性、普遍性的時候，對於改變事態的想法必然是無助和絕望的。這時他就會作出對事情更為悲觀的預判，而當不幸結果恰巧應驗了他的判斷時，他將落入更深的悲觀和無助之中，負面思維的不斷反芻，陷入惡性循環。

小學三年級的童童跟我說：「我的老師在全班同學面前罵我，班上每個人都在笑，他一定很恨我，現在所有同學都認為我是笨蛋，我真希望地上有條縫能讓我鑽進去，我不想上學，不想再面對他們。」

「每個人都在笑……」

「每個同學都認為我是笨蛋……」

這就是一個典型的悲觀思維模式，案例中孩子運用一種絕對化以偏概全的解釋風格，把被老師罵這件事歸結成一種普遍性的事情，同時把「我這個人」和「我被罵這件事情」當成是一個問題，被罵這件事變成了對他人格的否定。

悲觀孩子的解釋風格：

所有的人都嘲笑我、不喜歡我。（普遍性）

我是世界上最笨的人。（人格化）

老師恨我，我再也沒辦法在學校待下去了。（永久性）

相反，如果孩子只是把這件事當成一個暫時性的事件來看待，比如老師這次罵我，主要是因為我這次作業沒有好好完成，我沒有用心去檢查可能出現的錯誤……那麼，孩子就很容易從負面情緒中解脫出來，想辦法糾正可能存在的問題，避免下次錯誤的發生。

樂觀孩子的解釋風格：

我只是這次作業完成得不夠好。（暫時性）

同學笑我，是因為我這次寫錯得太離譜了。（特殊性）

老師只是對我這次的表現不夠滿意，也許他對我的期望比較高。

事實上，孩子 8 歲的時候，解釋風格就基本定型了。也就是說，你的孩子在上小學三年級時，對這個世界就已經有一種樂觀或悲觀的看法了。

這個時候發展出來的悲觀或樂觀的態度是基礎性的，如果總是在一件事情上遭遇過失敗，你可能就會放棄對這件事情的努力，甚至對自身產生懷疑。當新的挫折出現時，你會沿用曾經失敗的經驗，強化悲觀的態度，最後變成一個牢固的慣性思維（Inertial thinking），這就是我們常說的「習得性無助」

（Learned helplessness）的狀態，它會導致憂鬱症的發生。

5.1.2　是什麼導致了孩子悲觀的解釋風格？

　　心理學家經過多年縱向追蹤研究調查發現，孩子的悲觀並非與生俱來，和現實的生活環境也並非有直接的關聯，比如許多人生活在較差的環境裡（貧窮、疾病等），但是他們仍然能夠保持樂觀。

　　那麼孩子悲觀的解釋風格到底來自哪裡呢？

　　研究發現，兒童時期悲觀解釋風格的形成，主要受到三個方面的影響：

（1）母親對因果的解釋風格

　　塞里格曼教授給 100 個兒童以及他們的父母做解釋風格的測驗，結果發現，母親的樂觀程度跟孩子的極為相似，不論是兒子還是女兒。令人震驚的是，孩子的解釋風格跟父親的不相似，母親的跟父親的也不相似，這表明孩子主要學習了母親對因果關係的解釋風格。

　　小孩子非常注意父母的言行，尤其是母親對於情緒化事件的解釋。當母親的解釋風格趨向，壞事都是永久性的、不能擺脫的，並且都是自己的錯、是由自己引起的，那麼孩子會對這種解釋一字不落地聽進去，並且內化到自己的思維體系當中。

一旦現實生活中，類似的情境再現，孩子會自動調出從母親那裡學來的解釋風格，並把它運用在自己的場景當中。

(2) 孩子接受的責備方式會影響他的解釋風格

如果孩子受到父母或老師的責備方式是永久性的、普遍性的否定時，他們就會形成悲觀性的解釋風格。

比如孩子因為一次數學考試沒有考好，回到家裡，父母看到成績，情緒上來之後，口不擇言：

「你怎麼這麼笨？真不懂你怎麼有辦法考這麼差……」

「你這麼下去，這輩子就毀了，考不上大學就去撿破爛吧！」

……

這些永久性的負面論斷，會加重孩子的悲觀情緒，讓他們更加絕望或者乾脆放棄努力。

在責備孩子的時候不注意措辭、給孩子貼標籤的做法，都是將孩子推入永久性的普遍性評價當中，孩子不僅會相信他是笨的，還會相信他的失敗是來自永久不可改變的原因，孩子因此可能變得憂鬱，而這種狀態會讓他不去盡力、不去堅持、使他不敢冒險達到他潛能的極限，他的悲觀性解釋風格就這樣形成了。

當你發現孩子犯錯的時候，要著重在特定的、暫時性的原

因上，避免責怪孩子的個性和能力。

比如：「你一直都是個認真學習的孩子，昨天卻因為玩遊戲忘記做作業，這件事令我很生氣。」

注意要就事論事，不要批評孩子的品格，事情是暫時的，品格相對是永久的、不易改變的。

還有很關鍵的一點是孩子做錯事，一定要讓孩子知道錯在哪裡，具體是哪個行為出現了問題，而不是一味地指責和全盤否定，因為把錯誤的問題具體到某個可以實踐的行為上，能幫助孩子提升對於解決問題的掌控感，從而擺脫「習得性無助」的境地。

(3) 早期生活經驗中的生離死別和巨大變故

如果這些事件好轉了，他會比較樂觀；如果這個變故是永久的和普遍性的，那麼絕望的種子將深埋在孩子的心中。

降臨到孩子身上的不幸越多，他就會越憂鬱。

有個朋友在上小學的時候父母分居了，他的父親搬了出去。在那件事情之後，他就像變了一個人似的，變得無精打采，成天以淚洗面。他的成績一落千丈，不再和朋友來往，然後他開始責怪自己，認為自己是沒人愛的，這種想法讓他變得很悲觀。

除了離婚之外，父母間經常性的爭吵，對於孩子同樣是大

災難。一些父母雖然沒有走上離婚的道路，但是長久的相互不滿、吵架直接影響到孩子，引起憂鬱悲觀的情緒。有些父母之間可能沒有發生正面、直接的衝突，但是夫妻之間的冷戰仍然會影響到孩子，孩子能感受到父母的不快樂，而這種感受只會增加孩子的憂鬱情緒，因此又會引起孩子在學校裡問題的增加，他對問題的解釋也會更趨於悲觀，惡性循環就此開始。

吵架不僅會影響到夫妻的感情，對孩子也是百害而無一利，所以如果你把孩子放在第一位的話，在吵架之前，請一定要三思而後行。

5.1.3 樂觀的人生，無往不勝

(1) 樂觀的人更容易成功

近年來研究發現，樂觀性解釋風格的人比悲觀的人取得的成就更多。

一個人對自己能力的信心是取得成功的關鍵，樂觀的人不會因為挫折和暫時的失敗而退卻，他們通常會將失敗的事件作外歸因，認為是環境中的特殊因素導致失敗，所以他們會對成功鍥而不捨、不屈不撓。

在美國，保險業從業人員在入職之初會經過嚴格的心理測驗，只有那些問卷顯示對事件解釋風特別歸因的人員才有機會

進入此行業，而銷售人員成功的資料也佐證了那些樂觀的業務員更有可能成功，他們能夠在多次遭遇客戶拒絕的時候，仍然能信心滿滿地堅持下去。

(2) 樂觀的人更容易贏得比賽的勝利

我們都知道每個運動員在面臨重大比賽時會承受巨大的心理壓力，很多人因此發揮失常，但有一些人能夠承受壓力並超常發揮，成為比賽場上的黑馬，贏得比賽的勝利。

心理學家的統計資料顯示，樂觀者在比賽或考試中更容易有超出其潛能的表現，而悲觀者表現則在潛能之下。

這是因為樂觀的人會避免限制性的思維，他會努力去嘗試，即使面對強大的競爭對手，他也願意全力以赴，並且對自己深信不疑。

(3) 樂觀的人免疫力更強

一項研究根據一些男性多年前寫的散文，確定他們在 25 歲時的樂觀和悲觀狀況，到了這些被試人員 45 歲和 60 歲時，測試者中的樂觀主義者比悲觀主義者健康狀況更好。

這是因為樂觀的人心胸寬廣，由此產生的相應態度和行為都比較有利健康。

悲觀的人因為常常感受負面情緒，因此血壓更高，這會影響他們的健康。

還有研究發現，悲觀者（尤其是遇事就往壞處想的人）比樂觀者更容易遭遇致命事故。

5.1.4 培養習得性樂觀思維，讓孩子遠離悲觀

正如悲觀的解釋風格不是與生俱來的一樣，樂觀性思維模式也是可以習得的。

通常情況下，負面思想是扭曲的、不正確的，這時要挑戰它，不要讓它控制你的生活。

改變悲觀的解釋風格通常可以有兩種途徑：第一種途徑是轉移注意力；第二種途徑是嘗試去反駁它。

轉移注意力是我們短期可以採用的方式，比如很多人在遇到挫折、失敗的時候，會選擇用酒精麻醉自己，暫時逃離悲觀情緒。然而逃避無法根本性的解決問題，始終還是要面對，所以塞里格曼教授推薦我們採用反駁的方法去對抗悲觀的情緒，這種方法目前看來也是比較有效的一種方式。

反駁的方法是採用合理情緒療法的原理。合理情緒療法又稱理性情緒治療（Rational Emotion Therapy），是由美國心理學家阿爾伯特‧艾利斯（Albert Ellis）創立的。其理論認為引起人們情緒困擾的並不是外界發生的事件，而是人們對於事件的態度、看法、評價等認知內容，因此要改變情緒困擾不是致力於改變外界事件，而是應該改變認知，透過改變認知進而

改變情緒。

當我們遇到不好的事情（A）時，我們自然的反應是不斷想它，這些思緒凝聚成想法（B），它們會引起後果（C）。我們的所作所為就是這些想法的直接後果——放棄、頹廢或者振作、再嘗試。因此我們只有轉變想法（B），才能讓我們變悲觀為樂觀。

轉變想法的過程所採取的手段就是反駁（D），也就是與不合理的信念辯論，辯論之後激發（E）自身的行動去改變。

這就是利用ABCDE，改變悲觀的解釋風格的基本原理。

這個原理不僅僅對孩子，對於成人處理類似的問題同樣適用。

1. 每當你感到悲傷、沮喪、焦慮的時候，嘗試寫下自己當下的情緒。

2. 讓你自己或教孩子了解到對於不好的事情，想法和後果之間的連接關係。

3. 當孩子有了概念後，讓他自己去想，除了現有的想法之外，還有沒有其他的證據可以解釋這件事情。

4. 如果有其他的可能性，之前的想法是不是就是不成立的呢？

5. 不斷練習。

拿上面舉例的童童被老師罵的案例來分析：

A（事件）：我的老師在全班同學面前罵我，班上每個人都在嘲笑我。

B（想法）：他恨我，現在班上每個人都認為我是笨蛋。

C（後果）：我覺得非常難過，恨不得找個地縫鑽進去。

D（反駁）：老師罵我並不代表他恨我，因為他幾乎罵過所有人，他還說我們班是他最喜歡的班，是因為我作業沒有好好完成，所以他才會生氣，而且班上除了幾個特別優秀的學生之外，幾乎所有人都被他罵過，所以我不認為同學會認為我是笨蛋。

E（激發）：老師罵我，我還是有點難過，不過不像剛才那麼嚴重了。

再回到最開始溜冰跌倒的孩子的案例上：

A（事件）：我溜冰跌倒，被一個大姐姐嘲笑。

B（想法）：她在看我出醜，笑我是個笨蛋。

C（後果）：我沒有道謝，氣鼓鼓的去找爸爸。

D（反駁）：這個大姐姐微笑只是因為對人友善，我還看到她對其他孩子也保持微笑，並且在他們摔倒的時候她也過去扶他們，我才上了2堂課，初學者摔跤是很正常的，旁邊幾個學了很久了大哥哥也會摔倒，所以我摔倒，他們不會覺得我很笨。

E（激發）：我不應該對大姐姐生氣，應該要謝謝她才對。

合理情緒療法之所以有效是因為它利用了自我的力量，當人們運用自我的力量去改變慣性思維，就會帶來超乎尋常的自我控制力量，這會極大地激發個人的高自尊感受性，從而徹底地改變悲觀的思考模式。

5.2　改變拖延的最小行動

教育是什麼？就單方面講，只需一句話，就是養成良好的習慣。

5.2.1　從小養成拖延習慣會影響一生

鄰居白女士的女兒是一名小學四年級的學生，學校離住的地方比較遠，所以他們全家每天都要很早出門，差不多早上 6：30 門口就會準時傳來白女士的「獅吼」：「妳還再拖拖拉拉什麼啊！妳能不能快點？書包書包、穿鞋穿鞋……」不用說，又是在數落女兒了。

相信每個有孩子的家庭對這種場面一定不會陌生，每天早上上學，幾乎所有家庭都會跟上戰場一樣忙活得不可開交。很多媽媽也在問我：「怎麼辦啊？家裡有個愛拖拖拉拉的孩子，真是快急死人了，不到最後一刻，絕對不會著急。」

7 歲森森的媽媽跟我說，孩子寫作業有嚴重的拖延症，作

業沒有一次能全部完成的，不管是老師罵還是家長罰通通都沒用，他總是不由自主地玩起來。打也打了，罵也罵了，甚至把書包、作業本都扔了，依然沒有任何改變，才讀一年級的孩子，怎麼辦呢？

發展心理學家認為 —— 三年級是孩子成長過程中一個重要的分界線，很多好習慣的養成最好在三年級之前，因為三年級以後的孩子逐步過渡到青春期，生理上的變化使孩子個性上要求獨立，很多習慣很難再去改變，而這些壞習慣很有可能成為終生習慣。

拖延症正是如此。

美國德保羅大學心理學教授費拉里（Joseph Ferrari）在一篇美國心理學會與他做的訪問報導中指出 20% 的成年人是慢性或慣性拖延症患者，大學生中拖延症的比例則高達 50%～80%，這些拖延的習慣大部分都是從小養成的。

那麼，拖延症到底是怎樣形成的呢？

5.2.2 拖延症的四種典型類型

心理學家總結出生活中常見的拖延症大致分成四種類型。

(1) 第一種類型：恐懼型拖延症

我上大學的時候就是一個嚴重的拖延症患者，每次論文報

告都是一拖再拖，直到最後期限的前幾天才開始拚命的趕，甚至幾天不睡覺熬夜趕。每次都把自己搞得很急躁，趕出來的報告也不甚滿意。其實我自己也知道，如果能事先安排好，按照計畫按部就班的進行，就不會到了最後時刻搞得自己匆匆忙忙、精疲力竭了，可是心裡雖然知道，卻每次都還是重蹈覆轍。

有研究分析，有一些拖延症的患者習慣把一些重要的事情拖到最後一刻，是緣於內心的恐懼，這類人習慣在心中充滿假設，比如在事情完成之後將要面對的批評與失敗，所以對待越重大的事情，他們就會越拖延逃避。

著有《拖延心理學》（Procrastination: Why You Do It, What to Do About It Now）的美國資深諮商心理師珍・博克（Jane B. Burka）認為「拖延的毛病，既非惡習，也非品行問題，而是由恐懼引起的一種心理症候群」。

孩子學習新的事物時出現拖延練習的現象，並不是這件事情他不感興趣，其實往往是因為害怕做得不完美。

我的女兒在剛開始學跳舞的時候，她是有強烈興趣的，可是要她去練習的時候，她總是會找各種理由故意拖延，多次觀察之後，我發現因為初學，她的動作不標準所以經常出錯，跟教學影片中的動作差距很大，所以當達不到心中的理想狀態時，她寧願用拖延不做來避免出錯。

很多學琴的孩子也是如此，有些時候並不是因為他們懶

惰故意不去練琴，而是因為他們覺得自己演奏的沒有想像中那麼好。

對於這一類型的孩子，家長應該讓孩子知道犯錯是做好任何事情的一部分，不完美和失敗是有區別的。

要多注意孩子做了什麼，不要老是注意孩子沒做什麼，當孩子按時做完一件事的時候，要給予孩子一定的獎勵和讚美。

(2) 第二種類型：無所適從型拖延症

生活中很多習慣拖延的人都很奇怪，不是所有事情都拖，往往是那些比較複雜的事情才會拖。有些人並不是慢性子，大部分時候做事都是乾淨利落的，但偏偏是面對需要做周密思考、需要慢條斯理的大計畫時會選擇拖延。

如果孩子不了解他的角色和做事的目的，他就會傾向於不想做，但是孩子又很難抗拒家長的意志、拒絕家長的安排，所以只能退而求其次 —— 拖延。

李佳瑛的孩子今年 5 歲了，她按照育兒書中的指導，認為這個年齡層的孩子可以培養幫家長做家務事的能力了。

一天，她看到兒子又把房間搞得亂七八糟的時候，她便適時地教育孩子自己收拾玩具。

她對孩子說：「小小，你已經 5 歲了，可以幫媽媽的忙了，你幫媽媽把你的玩具收拾好，可以嗎？」

兒子答應了，懂事的點點頭。

李佳瑛很開心，關上房門去廚房做飯，半個小時過去了，當李佳瑛再次來到兒子房間的時候，她發現兒子什麼也沒有做，地上仍舊堆滿了積木、毛絨玩具以及鐵軌被拆得亂七八糟的湯瑪士小火車組。

「小小，你怎麼回事？你不是答應媽媽收拾玩具嗎？」李佳瑛生氣的問道。

「我⋯⋯」孩子無辜的低下了頭。

對於 5 歲的孩子而言，收拾房間相當於一個複雜的工程，如果你只是給他一個指令，而沒有告訴他具體如何操作，那麼孩子自然會感到無所適從、無從下手。

我們成人也是一樣，把一個大任務切成小塊，進行規劃後再執行，這是對付無所適從型拖延最好的辦法。

在上面的案例中，李佳瑛應該幫助孩子把玩具按照類型歸類，告訴孩子每個類型的玩具應該放在什麼地方，然後規定一個小時段，讓孩子在這個時間內把某種類型的玩具收拾好，完成之後再安排下一步的任務，這樣孩子就知道怎麼去做了。

如果下個星期要考試，你先要把要複習資料拿出來，看看每天要讀多少並列出一個時間表。按照計畫設定的每個小目標去執行，能大大提升整個計畫完成的可能性。

一個簡單的開始對於一個愛拖延的孩子來說是非常必要

的，目標清晰，讓孩子清楚地知道該做什麼、什麼時間開始、什麼時間結束。

(3) 第三種類型：及時行樂型拖延症

根據心理學家的研究，過度樂觀的人往往會拖延，對於即將發生的事情會天真地認為「就算自己沒做什麼，大概也會跟過往一樣安然過關」。

再來看看我們的孩子，當本來孩子自己可以做的事情都被家長代勞的時候，飯來張口，衣來伸手，他們又有什麼可擔心呢？時間觀念又算什麼？

回頭來說我們家鄰居的孩子，白女士雖然脾氣不太好，但對孩子的照顧無微不至，每天早上 6：30 必須出門是她跟老公根據交通路況精心測算好的時間，每天早上從孩子起床開始，他們夫妻就不停的忙著，一個負責做飯，一個負責幫孩子穿衣服，看孩子吃得太慢，兩個人就一左一右開始輪番餵飯，吃完飯，一個負責幫孩子收拾書包，一個負責幫忙穿鞋。雖然每天清晨孩子都在母親的大吼中走出家門，但是據說小學四年，孩子竟然一次都沒有遲到過。有一次正趕上我出門，在樓梯口看到孩子彎腰繫鞋帶，繫了半天，白女士等不及，搶過去幫孩子繫上了。

當父母幫忙代辦所有的事情時，孩子就會形成了強烈的心理依賴和習慣，對自己的事情缺乏參與感，總是很有耐心地等

著家長「解圍」。

記得尹建莉在《好媽媽勝過好老師》一書中，曾寫道自己的女兒圓圓一次因為起床晚了，上學快要遲到，她要求媽媽送她去，並在老師面前幫她說情，可是尹建莉堅持讓女兒自己去學校，女兒求了半天，看媽媽始終沒有答應，不得已自己跑到了學校，結果自然是挨了罵，但是從那以後，她就再也沒有遲到過。

有些時候，我們應當放手讓孩子自己去承擔應該由他們承擔的責任，只有這樣，他們才能培養出獨立的好品格和為自己的行為負責任的好習慣。

一個做事情有擔當的人，自然能夠掌控自己的時間，不會被「及時行樂」所俘虜。

(4) 第四種類型：生理型拖延症

有位諮商心理師認為拖延有可能是天生的，她提出「一部分動作慢的孩子可能存在先天性的神經協調缺陷」。熬夜過多、年齡偏大或有過多次人工流產經歷的母親，其子宮環境可能存在一定程度的缺陷，也有可能影響孩子的運動協調能力、注意力及反應能力。

後天的成長環境也可能引發生理原因的拖延。長期不好好吃飯、不好好睡覺的孩子也會變得拖延，這是因為人的意志力

如同肌肉一樣，如果缺乏能量的供給，隨著精力的流失，會變得很無力。

如果是由於生理性原因造成的拖延習慣，父母可以幫助孩子進行適當的補養，比如讓孩子早點睡覺、增加運動鍛鍊、適當食補等。

5.2.3 改變拖延的最小行動

「要戰勝世界，必先戰勝自己。」

如何克服拖延的毛病，是我們每個人在成功路上的必修課。

而從小幫助孩子改變拖延的習慣，是我們每個家長的責任。

我們可以從最小、最簡單的步驟開始，幫助孩子一點一滴的建立起好習慣。

(1) 學會做待辦事件清單

我們小時候，每年寒暑假的時候，老師都會留的一項作業就是 —— 做假期計畫。我記得每次在假期開始之初，我都會給自己列一長串清單，一週 7 天，每天 8 小時，恨不得精確到分秒，然而遺憾的是，每個清單最多執行到第三天就沒繼續了，甚至還有一天都沒有執行完就不了了之的，相信很多人都跟我有類似的經歷。

現在有各種 APP 號稱是最屬害、最齊全的終極待辦事項

清單，不過，有多少個厲害的 app，也就有多少個仍在用這些 app 拖時間的人。

心理學家研究發現，當我們列下待辦事項的時候，這個動作本身會讓人覺得「我已經有了進度」，因此會獲得壓力的緩解和一點成就感。但這個成就感往往會讓人鬆懈，反而不會開始行動。所以很多拖延症患者很會列待辦事件清單，但是一天下來，他們最大的成就可能也就是列清單了。

所以，列代辦事項的一個重要原則就是：事不過三。

即在每一天的待辦事件清單中，選出三件最重要的事情，來優先的完成，一次不要列超過三件事情。

那麼，這三件事該如何選擇呢？

心理學作家劉軒在他的新書《幸福的最小行動》中這樣建議。

第一件事，可以選擇一件容易完成的事情。

第二件事，應該是和未來計畫有關的事情。

第三件事，是一件今天必須要完成的事情。

為什麼這麼建議呢？

心理學上有個著名的「蔡加尼克效應」（Zeigarnik effect），說的就是人們總對未能完成的念念不忘，所以對於拖延症患者來說，每一件拖延未完成的事情，都會造成其內心很大的壓力。所以從比較輕鬆、容易完成的事情開始，得到一點

成就感，同時能減輕壓力，推動我們繼續前進。接下來把持續的動力放在「需要完成但不是最急迫」的事情上，因為這是平常、最容易被拖延的，等有了一些進度之後，再去處理「今天必須完成的」急迫事項。

(2) 寫下公開承諾

研究顯示，很多人能夠將計畫成功貫徹的原因是他們在計畫執行前寫下了公開承諾。。

比如孩子打算矯正英語口語的發音，可以鼓勵孩子在實施自己的計畫前，鄭重在紙上寫下：我決定在接下來的 1 個月之內，每週一、三、五放學後用 20 分鐘的時間大聲朗讀英語課文，在徵得孩子同意的情況下，可以把這段話傳到班上或家人群組中。

公開的承諾之所以有效是因為大眾輿論，在大眾輿論的壓力之下計畫得以實施成功的機率會大大提升，而且有明確的時間、明確的地點的實施計畫，會打消「沒時間」的藉口，預先設定一個實施意向，計劃好什麼時間、什麼地點、做什麼事情，就好比跟自己做了一個約定。

每天用固定的時間，做一件對自己有益的事情。

(3) 量化行動成果

量化行動成果是培養良好習慣的催化劑。

　　有研究顯示，減肥效果最好的人，並不是那些每天進行大量激烈運動的鍛鍊者，也不是那些每天只吃一餐的節食者。事實上，真正取得減肥成功的是那些每天嚴格監控飲食的記錄者，可見量化行動結果的重要性。

　　美國有一位名叫特倫特的股票交易員，1993 年剛入行的時候，他只是一個菜鳥股票交易員，然而在短短 18 個月內，他為公司帶來了 500 萬美元的業績。一年之後，他獲得了 75000 美元的抽成，後來以年薪 20 萬美元被另一家股票公司挖走。

　　他是怎麼辦到的呢？全靠一盒迴紋針。

　　身為股票交易員，他每天必須打很多電話給不同的客戶，因為打給的電話越多，成功的機率就會越大。每天開始工作的時候，他會在盒子裡放 120 個迴紋針，每打完一通電話，他就會移動一個迴紋針到另外一個盒子裡。

　　這個技巧最棒之處在於迴紋針看得到，摸得著，透過互動，讓特倫特感受到了累積的效果，獲得一種成就感，從而激勵他能夠堅持完成自己的目標。

　　對待拖延症孩子我們也可以採取類似的方法，比如可以用一張白紙或者白板記錄每天上學出門的時間。

　　可以設計一個圖表，橫座標代表日期，縱座標代表孩子出門的時間，如果孩子出門早，就用黃色的笑臉標記，如果出門晚，就用藍色的哭臉標記，這樣一週下來，把標記連起來，

就可以很清楚地看到孩子的表現，而孩子也可以很快看懂連線的意義，會開始想要進步。如果連續幾天都能準時出門，看到那些連起來的笑臉，自然就會變成一種動力，激勵孩子繼續堅持下去。

就像那盒迴紋針一樣，用實體工具來記錄進度是很有效的方法。

記得每天要喝八杯水嗎？就用八個迴紋針。每次喝一杯，就把一個迴紋針拿出來。

總之，戰勝拖延，培養良好的習慣不是一蹴而就的事情，需要每天一點一滴的累積，一步一步地踐行才能實現最終的目標。

但是這一切，都是要從踏出的第一步開始。

正如名言所說「無須看清整個樓梯，只要邁出第一步就好」。

5.3　有了心流經驗，一切變得更輕鬆

5.3.1　心流，幸福的終極狀態

正向心理學裡的心流（Flow），是指當一個人將注意力完全投注在某活動上時，達到一種忘我的狀態中時，內心會有高度

的興奮及充實感。

心流理論的開創者米哈里・契克森米哈伊 (Mihaly Csikszentmihalyi) 把它稱為幸福的終極狀態。

可能有些人會說：「我就是普通人，我沒有體驗過啊！」

其實現實生活中很多人都有過這樣的經驗，只是你沒有留意過而已。你是否曾飯不吃、覺不睡的打電玩，玩了一整天還覺得體力很好、精力充沛；熬夜看言情小說越看越有精神，一不小心抬眼一瞧，天都亮了；過年和親戚打麻將，玩到半夜也感覺不到困和累；熱愛跑步的朋友在跑步的時候甚至感受不到自己的存在……

契克森米哈伊在一次採訪中，將人們進入心流時的狀態描述為：「你感覺自己完完全全在為這件事情本身而努力，就連自身也都因此顯得很遙遠。時光飛逝，你覺得自己的每一個動作、想法都如行雲流水一般發生、發展。你覺得自己全神貫注，所有的能力被發揮到極致。」

心流狀態一般都伴隨以下幾個特徵。

(1)　對當前正在做的事情保持注意力高度集中、全神貫注。

(2)　知行合一，你的每個動作和感知都完全同步。

(3)　進入無我的狀態。

(4)　對當前的任務充滿自信。

(5)　時空扭曲，你感受到的時間比實際時間要慢很多，甚至覺

得時間已靜止。

(6) 充滿幸福感、滿足感。

心流的體驗可以帶給人們遊刃有餘的感受性,使人更容易得到高自尊的經驗,從而獲得從事某項活動的高度自信。

而這種自信心能夠讓人在遭遇困難的時候,有克服困難的勇氣和信心。

5.3.2 心流的經驗是如何產生的?

(1) 全心全意投入某項活動當中

通常人們對於熱情所在的事情更願意投入精力去做。

心(heart)、意(will)、念(mind)同步前行而內心湧現寧靜 —— 這就是許多人形容自己表現最傑出時那份水到渠成、不費吹灰之力的感覺,也就是運動家所謂的「處於巔峰」、藝術家及音樂家所說的「靈思泉湧」。

(2) 技能與挑戰平衡

挑戰程度中偏高,技巧程度偏高,我們就比較容易在做這件事的過程中進入心流。

幸福的感覺並沒有那麼容易獲得,如果你一直做簡單、毫無挑戰的事,你不會從中得到心流的幸福感。

當面對挑戰,你還必須掌握足夠的技巧 —— 世界上大多數

事都是剛做的時候覺得無趣，投入一定時間學習、練習之後才會覺得有趣，就是這個原因。

說到競技類的遊戲，設計的最高境界就是易於上手，難以精通，這是最容易讓人進入心流狀態的。

（3）目標與回饋機制

理論上來說，任何事情只要具備目標與回饋兩樣東西就可能讓人達成心流。

很多作家在形容自己在寫作時會有一種「平靜的喜悅」，那時就完全忘了自己，只有文字，沉浸在文字當中，彷彿置身在一個虛幻的世界裡。有時候感覺不是自己在創作，就好像自己在看別人表演。

5.3.3　如何打造心流？

記不記得小時候媽媽常對我們說：「把你打電子遊戲的精力用在課業上，你肯定是第一名。」

儘管當初聽到這句話的時候，我們內心深處是 800 個不服氣，現在看來我們媽說得有道理啊！

如果能在學習中得到心流的經驗，想學不好都挺難的。

「學習」本來是個多好的詞，在潛意識裡一旦跟痛苦的經驗連繫在一起，那麼一想到學習，我們首先想到的是痛苦，但是

如果把學習跟心流的經驗連繫起來，結果可能就大不相同了。

打造心流可以嘗試以下幾種方法。

(1) 設立明確、具體的目標並尋求回饋

通常心流的經驗都是跟興趣連繫在一起的，興趣是學習的最大動力。

比如「沒人逼你打遊戲，你也愛得不要不要的」、「70 多歲老奶奶坐麻將桌前一打一天都不曾喊累」……

把你的目標明確盡量與你的興趣連繫起來，如果不幸恰巧你的學習目標跟你的興趣毫無關聯，但你不得不去學怎麼辦呢？比如考試，誰也躲不開。

這就需要打通興趣和目標之間的壁壘。利用分解目標，需求回饋的機制，漸進式的選擇與能力相匹配的中高難度的目標開始，逐步晉級，就像玩俄羅斯方塊一樣。

(2) 活在當下

只有當你活在當下的時候才能進入心流狀態。

事實上，這也是心流的本質 —— 完全沉浸在當下。

如果你在擔心過去或計劃未來，便很難進入心流狀態。透過設定明確的目標（如：今天我想實現的目標）和排除干擾，來提高自己進入心流狀態的可能性：關上門，關網路和會發出聲響的所有應答設備，告訴所有人不要來打擾你。如果內心產生

了一種令人焦慮或緊張的想法，把它寫下來，然後放在一邊待以後再處理，最大程度地減少干擾，讓自己專注於現在，保持心流狀態。

(3) 清除雜念，集中注意力

制定任務進程表，可以幫助清除雜念。當開始做一項任務的時候，考慮什麼時候能完成這件事、哪些任務尚未完成等念頭使得我們無法集中精力完成手頭上的事。

因此，用清單列表將一件事情分解成若干個具體的任務，並為每個任務分配時間，在每次開始一項任務時，對照任務表。

減少外界干擾。在你準備開始之前，你需要了解哪些東西容易對自己造成干擾，並提前阻止它，例如將手機調至靜音或者暫時關閉通知等。

深呼吸、白噪音、輕音樂或是冥想等都被認為是很好的事前準備工作，能夠幫助人們更好的進入狀態。

事實證明，我們進入心流狀態的次數越多，就越容易進入其中。心流就像肌肉或習慣；隨著時間的推移，進入心流狀態更容易。

心流是人人都可以體驗的經驗，用心打造你的心流，讓你的學習更輕鬆，生活更有趣、更幸福！

5.4 專注力，未來的核心競爭力

為什麼我們大多數人一輩子一事無成？因為我們很難專注一件事並把它做到極致，而專注力作為時代的稀少資源，如果能夠從小培養，未來必將成為一個人的核心競爭力。

好友前幾天參加兒子學校的觀摩課，回來後跟我大吐苦水，她說現在想起來還是氣得快吐血。

一問才知道，有一堂三年級的數學課邀請家長參觀，一節45 分鐘的課，她就沒見到孩子有超過 5 分鐘的「消停」過，不是東倒西歪，就是摳手指、玩橡皮擦，注意力完全無法集中。

我問了一下孩子在家的情況，她說每天放學回家倒是知道按時完成作業，可是每次都是隨隨便便的敷衍了事，很快做完卻錯誤百出。老師要求閱讀的課外書，一本厚厚的書不到兩天就說看完了，問他書裡講些什麼，支支吾吾說不清楚。

這是一個分心的時代，高速的網路、便捷的手機、讓人痴迷的電子遊戲，從很小的時候，孩子就開始被各種眼花撩亂的網路資訊所干擾。

當一個人無法專注、心不在焉時，過馬路這種簡單的事情都可能變得危險無比，那他怎麼可能很好地讀書與工作？

5.4.1 擁有專注力到底有多重要？

(1) 專注的人生活品質更高，擁有更多幸福的經驗

與我們的父輩相比，日益快速的生活節奏讓我們活得忙碌，我們為每天能做更多的事情焦灼著，似乎只有做得更多，生活才更充實、更快樂。

然而事實並非如此，機械做事的本身只能代表你去做了這件事，如果沒有投入關注、精神能量，你仍然無法體會到真正的樂趣和幸福感。

舉例來說，比如美食對於每個人來說都是一種享受，但要想從中獲得樂趣卻比較困難。唯有在吃喝中投入足夠多的注意力，分辨各種不同口味的佐料之間的差別，才會跟美食家一樣，覺得這件事情樂趣無窮。

再舉例，一個剛剛學會爬的嬰兒，看到前方桌子上一個新鮮的玩具，他興奮的去嘗試努力拿到這個玩具，這時旁邊的父母看到了，直接把玩具遞給了他，嬰兒可能看起來很滿意，得到了自己想要的玩具，但是他卻喪失了由專注、投入努力而自我成長的快感。

幫助孩子學會從每天的生活中創造樂趣，把日常最乏味的時刻轉變成有助於自我成長的契機，這將會影響他們今後的一生。

(2) 專注的人更接近成功

心理學家研究發現，幼年時專注力越強的孩子，他們成年後越容易取得成功 —— 無論是事業還是家庭方面。

運動競賽中，那些專注力強、心無雜念的運動員會有好成績，這是因為富有經驗的運動員，經過幾千個小時的練習，已經把技術動作銘刻於大腦運動皮層（motor cortex）的神經迴路（Neural circuit）中，在無意識的狀態下，運動皮層的執行效果最好。

心理學家研究發現，專注意味著需要區分哪些刺激是無關緊要的，哪些才是重要的，並透過大腦前額葉來抑制對無關刺激的加工，從而把有限的認知資源分配在更重要的事情上。

持續、穩定的注意能幫助兒童收集並記住關鍵資訊、認識周圍的世界；幫助他們高效學習、不斷累積知識並能在需要的時候隨時提取。

曾有人說過：「最後爬上喜馬拉雅山頂的人，不一定是體力最好的，但一定是死都要爬上去的人。」

排除一切無關干擾，專注的投入其中，成功機率將大大增加，並能實現心中真正渴望的目標。

(3) 專注力決定情商的高低

專注力也包含對他人情緒的專注，對他人情緒、情感的關

注和回饋是情商的重要組成部分。

每個人生命中大部分時間都在處理各種關係問題，個人與他人的關係、個體與社會的關係。對他人投入的關注越多就越能理解他人的感受，更容易站在別人的角度考慮問題，同理心也就越強，情商自然也就越高。

專注他人的人會更願意傾聽，而傾聽也是在關注他人感受，把他人的感受連接到自己的感受上，愛就自然流動起來，給予的同時，自己也會獲得別人的愛和關注。

5.4.2　無法專注的原因

（1）當關注的焦點從過程變成結果時，喜歡的事情就會變成負擔

每個孩子來到世間之初，都對世界充滿了好奇之心，他們努力學習新的技能，並在探索和學習中獲得成長的快樂。

而隨著年齡一天天增長，讀書漸漸變成一件辛苦的事情，即便是課業成績優秀的孩子，在寫作業和玩遊戲中，也會毫不猶豫的選擇打遊戲。

這是為什麼呢？

曾經看過這樣一個例子，幼稚園老師發給每個小朋友一張畫圖紙，當沒有對他們提出要求的時候，孩子都會很開心地在

畫紙上畫出自己喜歡的東西，並且會很快樂。

但是當老師要求每個人的畫要達到一定的水準，並且畫得好的可以得到小貼紙，畫不好的要扣掉小貼紙，這個時候孩子們都變得焦慮起來，他們沒有辦法繼續專心的畫畫，很多人因為不知道怎麼畫開始哇哇大哭。

有調查研究發現，學樂器的孩子中，80％在經歷能力檢定之後都再不碰樂器，對音樂的興趣也蕩然無存，更別提從音樂中獲得快樂。

事實上，當學習變成一個單純追求成績、追求結果的事情時，原來為獲得新知識、新技能的探索過程也變得索然無趣，全身心投入的動力也消耗殆盡，專注力自然也不復存在。

(2) 當目標變成一味追求速度，孩子的自我成長就被剝奪了

教育孩子的過程也是父母學習成長的過程，可是有時候我們還是會不停的犯錯，當我們知道要給予孩子高品質陪伴時，又不免會落入另一個極端。

天天是我在早期教育中心遇到的一個孩子，媽媽是全職媽媽，為了讓孩子得到全方位的照顧，自從天天出生，媽媽就辭職在家照顧孩子，都說早期教育對孩子的智力發育有著重要的作用。

天天的媽媽早早就為孩子購置了各種啟蒙玩具、書籍，期

望讓孩子贏在起跑線上。

每次天天畫出奇形怪狀的東西，媽媽都急不可耐地搶過他的筆，幫他修改過來「太陽是紅色的，你畫黃色是不對的、大海是藍色的，不能畫成綠色的」，而天天則是一臉茫然……

每次去早期教育中心，孩子自由活動的時候，總能看到天天的媽媽追在孩子的後面「蘋果用英文怎麼說啊？」、「This is…來，跟著媽媽一起說！」看到4歲的孩子，被媽媽追得一臉無奈的樣子，真的很可憐。

的確，孩子在幼年時期需要父母的陪伴，但同時孩子也需要有自己專注當下的時間，如果不停的被打擾，孩子很難學會全然投入一件事情中。

尊重孩子的每一個專注時刻，是父母「幫助」孩子發展專注力的第一步。

(3) 當我們變成要求孩子樣樣精通的貪心父母

如果意識能無限擴張，人類最大的夢想就能實現了，會變得跟神仙一樣，可以無限制地體驗各種的生活。

然而不幸的是，神經系統在特定時間內處理的資訊極為有限，意識每次只能認知和回應一定數量的事件，而新湧來的會把舊的擠掉。

由於專注力需要帶動心靈活動 —— 回憶、思考、感覺、做

決定，所以應該把專注力視為一種「精神能量」。

處理的事情越多，耗費的精神能量就越多，從而導致意志力疲勞，沒辦法深度思考，做出正確的判斷。

有個朋友的孩子 8 歲報了很多課外班，有直排輪、英語、繪畫、游泳、小提琴……每到週末孩子的時間被安排得滿滿的，家長帶著孩子奔波於各個才藝班中。

孩子看起來很優秀，多才多藝，在朋友中也很有優越感，然而在眾多任務中不停切換的孩子，精神能量被分割得支離破碎，且不說能否做到樣樣精通，只怕孩子的專注力也被破壞了。

5.4.3 如何培養專注力？

(1) 設置可完成的工作，逐漸培養孩子的興趣，樹立自信心

如果學習變成了一件怎麼做都做不好的事情，孩子必然會變得很焦慮。

很多孩子一旦遇到不會做的題目就會去找父母，問完之後接著寫作業，剛坐下沒多久又遇到不會做的題目又拿去問。

來來回回，時間就耽誤了！這樣做一方面會打斷寫作業時的安靜氛圍和專心程度，另一方面會打斷孩子做題和寫作業的思維。

所以培養孩子的專注力，可以從設置可完成的任務入手，

根據孩子的能力，設置高於其能力 10%的任務。

　　心理學家研究證明，高於能力 10%的難度可以幫助孩子進入專注力最佳的狀態。

　　很多遊戲的設計者，正是依照這個原理設計不同關卡的難度，從而讓遊戲的參與者沉迷其中而無法自拔。

　　這是因為一方面他可以感受到任務設置帶來的挑戰，調動自己的精神能量主動參與其中；另一方面又迴避因為任務遠高於自己能力帶來的挫敗感。

　　一旦孩子的能力提升，可以把任務的難度逐漸提高。

　　當孩子靠自己的努力完成挑戰時，會獲得極大的成就感，這種成就感會激發孩子的自信心，從而正向強化下一次專注的行為。

(2) 階段性的及時回饋

　　如果對孩子的專注力感到滿意的話，一定要及時給予孩子正向的回饋，不妨小小的獎勵下。

　　如此當孩子下次想要集中注意力時，想想學習後會有額外的獎勵，多少會更努力點。

　　行為心理學理論認為人及動物的行為是後天習得的，是行為結果被強化的結果，如果想建立或保持某種行為，可以對其行為進行正面刺激，即獎勵。

透過獎勵強化該行為，從而促進該行為的產生和出現的頻率，使行為得以產生或者改變。

(3) 鼓勵孩子主動選擇管理自己專注力的方式

心理學上有種說法，叫 100% 理論。

世界上許多事情都遵循 100% 理論，如果我們有 20% 不做，孩子就能完成 20%，如果我們有 80% 不能做，孩子就能做80%。

如果父母都幫孩子做了，孩子的成長機會實際上就被父母剝奪了。當然，在孩子做事的過程中，父母可以適當指導孩子做事的順序和條理。

大量資料表明，父母跟孩子互動的方式，對孩子成年後會成為什麼樣的人，有持續的影響力。

孩子自主選擇管理專注力的方式時，也是讓他們準備好自己承擔後果，這也讓他們放開自衛的後盾和自我意識，全心全意地去做他感興趣的事情而並非只是關心事情的結果。

比如可以讓孩子自己做時間管理的量表，根據他們自己對所做事情的關注度和輕重緩急安排時間。

(4) 一次只做一件事情

培養孩子不要多線工作，一次只專注於一件事。

人都是這樣，求成心切，巴不得一次性解決所有的事情。

做英語習題的時候，想著數學作業還有一個概念沒有弄清楚，想要沉浸在知識的海洋裡，心裡卻盤算著即將到來的週末應該如何瘋狂地度過。

沒有任何事物的獲得是不需要代價的，當然，也包括專注。你想要專注於一件事情，必須要放棄其他事。

可以參考番茄工作法（Pomodoro Technique），幫助孩子設立時鐘，一段時間之內只做一件事情，做好了才接著做另外一件。

生命總是充滿了彩蛋，關鍵看你是否捨得在這遍地的紛繁裡，大膽做減法，專注一兩件值得專注的事情。

其實越長大，越應該明白，聰明的人都在為生命做減法，然後專注於減法後的選擇。

（5）讓孩子學會獨處

學習運用獨處的時間在童年時期尤為重要。

10 來歲的孩子若不能忍受孤單，成年之後就沒有資格擔負需要鄭重其事準備的工作。

很多孩子放學回家，丟下書包就立刻拿起手機跟同學聊天，如果沒什麼可聊，就會開始玩 iPad 或者看電視，即使看書也不會看太久，他們不願意把注意力集中在困難的功課上。

無法學會獨處，就不能學會控制自己的內在能量專注地去

做某一件事情，永遠只能被外物驅使。成年後，也不知道如何享受生活的樂趣、沒有辦法養成需求挑戰，激發成長潛能的習慣。

獨處的習慣越早養成越好，它將成為改善一個人心靈秩序的基石。

5.5　千萬別看這篇關於自控力的文章

所謂意志力，就是控制自己的注意力，情緒和欲望的能力。

意志力會影響一個人的身體健康、經濟安全、人際關係和事業的成敗，缺乏自控力是完成目標的最大絆腳石。

5.5.1　挽救沉迷於手遊的孩子

小可的媽媽最近焦慮得不得了，10 歲的小可迷上了手機遊戲，起初家人沒有發現，只是覺得小可的表現有點奇怪，不管多熱的天氣，總把自己的房門關得緊緊的，每次爸爸媽媽一打開房門，就發現他緊張地抬起頭問：「幹嘛？怎樣？」。

家裡為了方便聯繫買了一臺手機給他，早上滿格電出門，放學回來就沒電自動關機了，平時上學早上不到點不起床，一到週末 5 點不到就爬起來，鬼鬼祟祟的不知在房間裡做什麼。

小可以前是個很乖的孩子，課業成績一直保持良好，可是

最近考試頻頻出錯，成績嚴重下降，老師說小可在學校表現一反常態，注意力不集中、經常心神不定，還有幾次居然連老師出的作業都沒有做，也不知道是什麼原因。

種種跡象表明，孩子出狀況啦！

爸媽一合計，把孩子拎過來「拷問」一番，結果發現小可迷上了手機遊戲，已經無法自拔。

小可媽媽急得不行，這麼乖的孩子要被手機遊戲毀了啊！

之後，媽媽苦口婆心，開始每天對小可進行說服教育，各種現身說法，軟硬兼施，中心思想只有一個 —— 不能玩手機遊戲！不能玩手機遊戲！堅決不能玩！打死都不能玩……

小可很聽話，自己也知道沉迷於手機遊戲不是一件好事情，每次媽媽教育的時候，磕頭如搗蒜。

「嗯嗯，媽媽，我知道了，我再也不玩了……」

然而堅持不到 3 天，小可又開始偷偷摸摸的玩，有一次爸爸晚上起來上廁所，發現他竟然半夜 1 點偷偷爬起來玩，這下爸爸也急了，這樣下去怎麼得了？爸爸一氣之下，把孩子拉過來狠狠地打了幾巴掌，把小可的手機沒收了，以後再不能用手機總該可以了吧？

離開手機的日子，小可彷彿得了病一樣，整天無所事事，對什麼都不感興趣，沒有辦法靜下心來讀書，甚至一提到上學就說頭痛噁心。

5.5 千萬別看這篇關於自控力的文章

實在沒辦法，小可的媽媽帶著小可來找我幫忙。

我把小可單獨帶到房間裡，請他說出他的感受。孩子委屈地跟我說：「我也知道玩手機浪費時間，還會影響課業和生活，我拚命地克制自己不要再玩，可是腦子裡就是會不停地浮現遊戲的畫面，即使爸爸沒收了手機，我還是控制不了我的思緒……」。

小可的行為，讓我想起了哈佛大學心理學教授丹尼爾·韋格納（Daniel Merton Wegner）曾經做過的一個試驗。

他請來一群受試者，告訴他們「他們可以想任何事情，但就是不要想白熊。」這個試驗看起來要求並不高，每個人似乎都可以做得到，然而事實恰恰相反，大多數受試者說：「我竭盡全力去想除了白熊以外的其他所有東西，我想啊想，每當我試著不去想白熊的時候，腦海中第一個浮現的就是白熊。」

這是為什麼呢？

韋格納教授的研究發現——當你試圖不去想某件事時，它就會一直縈繞在你腦海中，也就是我們常說的「潛意識」（unconsciousness）當中，而潛意識會指引你的行為，也就是說「你越是拚命去壓抑的想法或念頭，越可能主宰你的行為；你越想不要去做的事情，反而不停地重複去做。」

一名求助者告訴我，她一直會去看一些非常恐怖的漢生病（俗稱麻瘋）患者的照片，每次看完之後，她都噁心不止，可是

她還是忍不住去看，即便刪掉了所有儲存的照片，卻還是會再上網去搜尋，她很厭惡自己的行為，不停地問我：「我是不是得了強迫症啊？」

我告訴她「任何試圖壓抑焦慮和自我批評的方法都會讓情緒變得更沮喪，壓抑思維會加重焦慮和強迫的症狀。為了讓我們的頭腦遠離有害的思想和感受，努力去擺脫它們，往往事與願違。」

講到這裡，想必很多人會問：「這豈不是進入一個惡性循環？」、「難道我們越想不去做某件事，就越擺脫不掉做這件事的行為？」越想減肥，就會越抵擋不了高熱量的食品；越想不遲到，就會越拖延到最後一秒；越不想買買買，就越會在月中刷爆信用卡……

如此說來，我們的自控力到底從何而來？要怎樣才能真正做一個意志力堅強，掌控自己命運的人呢？

5.5.2　自控力受到哪些因素的影響？

(1) 對未來認知的模糊，導致對現實行為的放縱

不知道你有沒有聽過寒號鳥（學名為複齒鼯鼠）的寓言故事？

寒號鳥每天晚上都會在寒風中哀號「寒風凍死我，明天就

築巢」，等到第二天一早，風和日麗，牠便把要築巢這件事情拋到九霄雲外，痛快地享受生活。到了晚上，又開始重複的哀號，隔天早上又是及時行樂，終於有一天晚上，牠抵不過凜冽的寒風，被活活凍死了。

顯然，寒號鳥是一個比較極端的拖延症患者案例，這故事影射了影響我們自控力的重要因素之一，那就是「對未來的模糊認知所導致的對現實行為的放縱」。寒號鳥之所以會每天拖延不去蓋房子，是因為牠還沒有充分意識到未來的某一天，會冷到讓牠凍死在嚴寒之下，面對一個不確定的未來，牠的選擇方式必然是追求快樂，避免痛苦。

心理學家的研究發現，當人們面對模糊的未來時，往往會持有樂觀的態度，這是因為我們的大腦有種自欺欺人的習慣，當想像未來的美好前景的時候，我們往往會把它當成一個既定的事實。比如一個立志要減肥 20 公斤的女孩，往往會認為未來幾個月後，自己便會變得纖細苗條，所以今天多吃一塊甜點也沒有關係，反正已經下決心，那明天少吃一點不就可以了嘛！等到明天的時候，她又會想到後天，想想看，這樣的場景是不是和寒號鳥如出一轍？

這些樂觀的態度是從何而來的呢？

腦神經領域的科學家研究發現，人在渴望某一項任務的達成時，會促使體內多巴胺的分泌，而多巴胺會讓人產生一種愉

悅的感受，這種愉悅的感受會讓人把它跟目標建立起連繫，就彷彿任務已經達成。然而，這其實只是你對任務達成的預期，並不是真正的客觀事實。這個結果很好地解釋了為什麼賭徒在一次次輸錢之後，仍然無法控制自己離開，一定要等到全部輸光才「被迫」出局，這是因為大腦中對贏錢之後感受的美好預期，讓他們誤以為勝利就在眼前。

曾經有一些孩子的母親向我求助，說自己的孩子沒有讀書的動力、沒有上進心，眼看就要面臨考試，還不知抓緊時間用功讀書。我通常會問她們一個問題，有沒有跟孩子討論過未來。大多數母親都說：「討論過啊！他們對自己的未來不是很清楚，但是我們對他們的要求就是先考上某某高中或者是某某大學……」

這與上面的案例是同樣的道理，對於目標實現的預期，讓學生們始終覺得明天的我會比今天更努力，似乎未來的我一定是個無所不能的超人，今天耽誤點時間又如何，反正還有明天！

事實上，我們應該做的是幫助孩子們把未來清晰化，不但要有目標，還要有實現目標的途徑，路徑越清晰、越具體，他們越能看到自己的差距，才能從自己編織的美好未來中清醒，珍惜現在的時間。

(2) 自責和羞愧反而會消磨你的意志力

建立自控力的過程如同抽絲剝繭，需要一個循序漸進的過程，打破舊習慣，建立新的規則。

曾流行的 21 天效應是有一定道理的，但時間還是遠遠不夠的。因為在這個堅持的過程當中，每個人都會不可避免地遇到各種突發狀況，往往這些意外的出現會讓你改變的進程發生意想不到的變化，你可能克服了意外，繼續走向改變的康莊大道，你也可能被意外打敗，重新回到起點，這其中關鍵在於你的態度。

我自己曾經參加過一個每天跑步打卡的活動，活動要求每週至少要打卡 5 天，每天跑步 5 公里，連續堅持 21 天算挑戰成功，否則算失敗。我本來也想透過這項挑戰讓自己養成每天跑步的習慣，在活動剛開始的第一週，我做得非常好，基本上能夠保持每天打卡，然而第一週過後，我遇到了第一個意外事件，就是在我需要打卡的那天下了大雨，戶外跑步基本不可能，而健身房距離我家又遠，經過一番掙扎，我還是放棄了當天的打卡計畫。

那天以後，我就陷入了深深的自責之中，悔恨當天沒有堅持撐傘去健身房跑步，讓自己白白錯過了一天。儘管那次沒有按時打卡，並不意味著失敗，因為每週七天只需打卡五天，也就是說「我還有機會彌補」，可是那天以後，我一直處在情緒低

落的狀態，以至於之後又錯過了幾次打卡，每次錯過，我就更加自責，覺得自己很失敗，最後竟完全喪失了信心，沒有熬到21天就倉皇退出。

　　很多人都有一種強烈的直覺，覺得自我批評是自控的基礎，自我同情會導致自我放縱。

　　事實上，心理學家的研究結果跟我們的本能相悖，增強責任感的不是罪惡感，而是自我諒解。研究發現「在個人挫折面前，持自我同情態度的人比持自我批評態度的人更願意承擔責任。也更願意接受別人的回饋和建議、更可能從這種經歷中學到東西。」

　　所以，下次當我們自己或我們的孩子遭遇挫折時，可以從以下幾個角度去思考，避免自己陷入罪惡感、羞愧感和屈服的泥潭。

(1)　當遭遇挫折時，試著關注自己的感受，注意一下這種感受是不是責備，如果是的話，你對自己說了什麼？

(2)　嘗試原諒自己，告訴自己，你只是一個凡人，每個人都會遇到意志力的挑戰，這是人性的組成部分，挫折不意味自身有問題。

(3)　想像一下，如果是身邊的朋友遇到這樣的情況，你會如何安慰、鼓勵他，嘗試用同樣的辦法安慰自己。

(3) 對自己的自控力過於自信的人，反而易受到誘惑

拿減肥來說，很多人都有過這樣的經歷：當你成功地按計畫減肥一天之後，你會有種衝動，想要吃點什麼獎勵一下自己，或者當你看到甜點的時候，會不自覺地對自己說：「反正我是一個能夠堅持減肥的人，吃一點也沒有關係。」

當我們有這樣的想法時，意味著我們正在成為「成功自控」的受害者。

「成功自控」會誘使我們做出背離自己最大利益的事情，它讓我們相信放棄節食、打破預算、多抽一根菸……這些不良行為都是對自己的「款待」，聽起來很瘋狂，但是它對於我們的大腦的確有可怕的誘惑力。

如果學生們覺得自己已經花了很多時間複習，自我感覺相當良好，他們就可能花整晚的時間看電視、打遊戲消磨時間。

成功的自控會在不經意間導致不好的後果，它會讓你暫時得到滿足，讓更理智的自己閉嘴，心理學家稱為「目標釋放」。

所以，下次當你發現自己正在獎勵「成功自控」時，停下來，想想自己的目標到底是什麼？現在實現了嗎？

(4) 意志力如同肌肉，是有極限的

有位一年級小學生的媽媽留言給我，問孩子專注力差，走路都會分心是什麼原因？

因為我沒有對孩子做過詳細的背景分析，所以我簡單提了幾個可能的原因，孩子的媽媽排除不大可能的一些原因，最後鎖定了一個她認為有可能的原因，就是孩子的作息非常不規律，經常晚睡早起。

　　美國心理學家羅伊・鮑邁斯特（Roy F. Baumeister）教授經過觀察和測量發現「人的意志力如同肌肉一樣也是有極限的」，它被使用之後會漸漸疲憊，如果你不讓肌肉休息，你就會完全失去力量，就和運動員把自己逼到筋疲力盡是同樣的道理。

　　生活中很多你認為不需要意志力的事情，其實都要依靠這種有限的能量，甚至要消耗能量。比如上下班要走哪條路、在超市挑選哪種牌子的牙膏、如何跟主管匯報工作、如何打動約會的對象等。

　　如果你的大腦和身體需要停下來思考，你就是在像拉伸肌肉一樣動用你的意志力。

　　意志力的肌肉模式告訴我們 —— 自控力從早上到晚上會逐漸減弱，所以晚上充足的睡眠尤為重要，如果前一晚上沒有睡好，打個小盹也能讓你重新集中注意力、恢復自控力。

　　早上對於每個人來說都是意志力最強的時候，很多成功人士都是利用早上起床的時間安排一天中最重要的事情，這也是值得我們普通人借鑑的。

5.5.3 如何提高自控力？

(1) 遇見未來的自己

對於未來的模糊和不確定讓我們陷入混沌狀態、失去努力的方向，甚至掉入自己假想的樂觀陷阱裡。

那麼怎樣才能讓未來變得清晰而具體，好讓我們遇見未來的自己？

心理學家霍華德‧拉赫林（Howard Rachlin）提供了一個有趣的技巧，能夠幫助我們克服「明日復明日」的想法。當你想改變某種行為的時候，試著減少行為的變化性，而不是減少那種行為，換句話說就是要打破我們曾經以為「明天會更好」的念頭，制定一個規則並嚴格按照這個規則去做，把今天做的每個決定都看成是今後每日的承諾。

不要問自己「我今天要不要早起？」，而是要問自己「我想不想每天都要 6 點起床？」或者你明明知道應該做某件事情，卻拖延不做的時候，不要問自己「我是想今天做還是明天做？」而是要問自己「我是不是想承擔永遠拖延下去的惡果？」

讓未來今天就來，這是避免我們透支未來最好的方法。

(2) 被感染的意志力

研究發現，人的意志力是受到外界環境影響的。

我們都知道網路上最熱門的社群 —— 讀書群、跑步群、時

間管理群、英語訓練營等，目前已經有成千上萬的人從中受益。

　　這是因為當我們看到別人忽視規則、受欲望支配的時候，我們更可能在任何衝動面前選擇屈服。同樣，當我們身處一個高度自控的團體之中，團體成員高度自律，我們自己也會深受感染，心理學家稱為「目標傳染病」。

　　研究發現，我們很容易因感染別人的目標，從而改變自己的行為，這實際上也是同儕壓力的正向作用。

　　另外有研究發現，人更有可能被關係密切者傳染。

　　事實證明，當我們想到我們喜愛、尊重的人和感覺相似的認知，我們的大腦會像對待自己一樣對待他們。對於孩子而言，父母是他們最信任的人，父母的行為是最容易傳染給他們的。

　　因此，身為父母，言傳身教，身體力行對於下一代的行為塑造尤為重要。

(3) 把「我不要做」變成「我要做」

　　我們的潛意識無法分辨否定的指令，不論肯定還是否定的指令對於它來說都是一種強化（Reinforcement）。

　　所以在前面提到小可沉迷手遊的案例中，我們發現無論是小可的父母還是小可都在不停的強化「不要玩手機遊戲」，事實上對於小可的潛意識而言，它所接收的訊息就是「要玩手機遊

戲」，這顯然是個悖論。

　　所以，我們首先能做的是讓孩子不要刻意去壓抑和迴避玩遊戲這件事，因為這樣只會更加加深對它的強化。

　　接受它，每次孩子想玩的時候，讓他接受自己想要玩的事實，然後讓孩子記錄一下自己此刻的感受，提醒自己「白熊實驗」，記住自己的真正目標，然後把注意力轉移到自己的身體上，專注於呼吸，想像這些想法像雲一樣隨著每次呼吸變得煙消雲散。

　　「壞習慣」都是為了滿足一定的需求而形成的。

　　孩子在沉迷於遊戲時，他獲得的是在一次次挑戰中的成就感，甚至是心流的經驗，那麼可不可以用同樣效果的新習慣來替代原有舊習慣的效果？比如一些競技類的體育運動或是下棋。

　　透過將「我不要玩遊戲」變成「我要去下棋」，就可以讓孩子避免舊習慣帶來的危害。

(4) 像鍛鍊肌肉一樣鍛鍊意志力

　　心理學家研究發現，大部分人作決定的時候就像開了「自動」，根本意識不到自己為什麼作決定，也沒有認真考慮過這樣做的後果。

　　因此，刻意鍛鍊自己的意志力，要從認識自己開始，沒有自我意識，自控系統毫無用武之地。

（1） 提升自我意識，其實就是提升自我的覺察（awareness）能力。

這個練習可以是每天刻意去做一件自己不擅長做的事情。比如，如果你的慣用手是右手，你可以嘗試用左手拿東西、用左手做事，或是提醒自己不要隨便發誓，一旦發誓就一定要做到，又或者不說一些口頭禪，每次想說的時候，提醒自己停下來等。

改變舊習慣，從最簡單的小事做起。

堅持每天做一些，長此以往，必然會有實質上的改變。

（2） 學會冥想呼吸。

神經學家的研究發現，如果你經常讓大腦冥想，你不僅會變得擅長冥想，還會提升你的自控力。孩子從小練習冥想，對於集中注意力、管理壓力、克制衝動和認識自我有非常大的作用。

另一項研究發現，持續 8 週的日常冥想訓練可以提升人們日常生活中的自我意識，相應大腦區域裡的灰質（Gray matter）也會隨之增多。

剛開始的時候，你每天鍛鍊 5 分鐘就可以了，習慣成自然之後，每天可以增加到 10 ～ 15 分鐘。

(3) 每天 5 分鐘替意志力加油。

鍛鍊並非意味著你一定要大汗淋漓。

走出室外，走進大自然的懷抱、呼吸新鮮空氣，都能達到鍛鍊的效果，低強度的鍛鍊有時比高強度的訓練效果更好。

你還可以嘗試：播放自己喜歡的歌曲、跟孩子一起玩遊戲、做簡單的伸展運動、在綠地上散散步等。

你有沒有發現，要你「千萬不要看」，結果你看完了……

5.6　走入絕境，一項可以拯救自己的能力

「逆商」（adversity quotient）全稱是逆境商數，是指一個人面對挫折、擺脫困境和超越困難的能力。

如果說智商（IQ）高、情商（EQ）高的人可以有未來，那麼逆商高的人可以登峰造極，可以更容易通向理想的彼岸。

5.6.1　人生不如意十之八九，孩子也不例外

兩個孩子一起參加數學考試，兩個人成績都很差，一個得了 60 分，一個得了 68 分，兩個孩子的家長都被「請」來學校。

得了 60 分的孩子回家對爸媽說：「這次考差主要是我自己疏忽大意了，第三大題的題意我沒有理解清楚，導致做題的方向錯了，我覺得我有能力下次考好……」

　　得了 68 分的孩子回家說：「這次考試沒考好是因為老師出的題太偏了，我們數學老師程度太差，其他班的老師都猜對題了，就我們老師一道題都沒猜到，碰到這種數學老師，唉！我真衰……」

　　第二次數學考試成績公布後，上一次考了 60 分的孩子這次的成績是 80 分，而上次考了 68 分的孩子呢？這次居然勉強拿到了 60 分，差一點就不及格了。

　　家長們都很詫異，同一個老師、起步程度差不多的孩子，為什麼在第一次考試失利後，第二次考試中會有如此不同的表現呢？

　　他們之間的差距到底在哪裡呢？

　　這兩個孩子對待考試失利的不同表現，正是我們常說的逆商不同的人在遇到挫折時的不同處理態度。

5.6.2　逆商到底有多重要？

　　有一個優秀的小男孩，他從小就是全班第一並且總是擔任班級幹部，當然，他同時也是父母寶貝得不得了的孩子。

　　有一天，這個孩子和同學發生了一點小爭執，老師沒有支持他，還當著全班同學的面罵了他幾句，結果小男孩竟然縱身從高樓一躍而下……

　　這並不是特例，每當聽到這樣的悲劇，我的心情總是久久

不能平靜。

　　「逆商」英文簡稱 AQ，是指一個人面對挫折、擺脫困境和超越困難的能力。

　　之前，人們已熟悉了智商（intelligence quotient）和情商（Emotional Quotient）兩個概念，它們成為衡量一個人素養的重要指標。如圖 5-2 所示。

圖 5-2

　　有位心理學家曾說：「AQ 不只是衡量一個人超越工作挫折的能力，它還是衡量一個人超越任何挫折的能力。同樣的打擊，AQ 高的人產生的挫折感低，甚至是 0，而 AQ 低的人就會產生強烈的挫折感，甚至會因為一件小事而產生天要塌下來的感覺。」

　　「高 AQ 者和低 AQ 者的差別首先在於面對挫折時的第一反應。低 AQ 者遇到挫折會感覺『天塌下來了』，而高 AQ 者卻會

因為遇到挑戰而興奮。」

智商的培養，家長們都很重視，對此從不吝惜金錢。

情商的培育，現在的家長們也比上一輩要重視得多。

但是逆商，對於一個人的發展、成就、幸福，也是不可或缺的。

5.6.3　衡量逆商高低的指標有哪些？

指標一：控制能力

控制感是指一個人控制局勢的信念和能力。

面對挫折困境，控制感強的人會想辦法擺脫困境，抱著人定勝天的信念找到解答，相反控制感弱的人往往會在失敗中一蹶不振，喪失鬥志。

可口可樂（Coca-Cola）傳奇執行長古茲維塔（Roberto Goizueta）先生就是一個高逆商的人。

這位古巴人 40 年前隨全家人匆匆逃離古巴，身上只帶了 200 美元和 100 張股可口可樂股票，他在 40 年後竟然領導這家公司在他退休時股價成長了 7 倍，整個可口可樂價值成長了 30 倍！

他在總結自己的成功歷程時，說了一句話：「一個人即使走到了絕境，只要你有堅定的信念，抱著必勝的決心，你仍然有

成功的可能。」

再說案例中的兩個孩子，第一個孩子在考試得了 60 分，面對家長質問時，表現出很強的自我掌控能力。即使失利他仍然表現出不屈不撓的鬥志，相反，第二個孩子則表現得消極、負面。

指標二：事件歸因

造成我們陷入逆境的原因大體來說分為兩類。

第一類屬於內因：因為自己的無能、疏忽、不夠努力。

第二類屬於外因：合作夥伴不配合、時機沒成熟、外界不可抗力。

高逆商者往往能夠清楚意識到自己陷入困境的原因，勇於承擔責任並及時採取有效行動。

低逆商者只會自怨自艾、自暴自棄，責怪事情、責怪他人。

第一個孩子把考試的失利歸於自己審題錯誤，沒有正確理解題意，導致做題方向錯誤，這很顯然是內在歸因。

第二個孩子則把失利歸於外部因素，比如數學老師沒有猜對考題。

主動承擔責任的人，給了自己一次改正錯誤的機會，而把責任推給他人的人，只會故步自封，下一次的失敗注定是不可避免的。

指標三：延伸範圍

很多人在遭遇挫折時很難做到就事論事，很容易把失敗的範圍過度擴大。

比如把一次投資的失敗延伸到做什麼事情都不行，挫折事件就像瘟疫（Pandemic）一樣滲透到生活的各個方面，最後變成事事不如意。

相反，低延伸性的人會把產生的負面影響限制在一定範圍內，及時控制後果的蔓延。

越能控制逆境的影響範圍，就越可以把挫折視為特定事件，便會相信自己有能力處理，不致驚惶失措。

逆商低的孩子往往會把一兩次考試的失敗歸結成自己能力差、智商不如人，完全喪失了自信心和繼續努力的決心。

指標四：耐力

毋庸置疑，逆商高的人通常都具備高於常人的耐力，面對困難、挫折不氣餒，一次次的努力，永不言敗。

耐力是富有智慧的忍耐，是一種基於洞察力的忍耐。

高 AQ 者之所以有較高的耐力，只是因為即便面臨著再大的困難，高 AQ 者也總能看到積極因素，他們深信自己能度過難關、能掌控局勢，目前的忍耐只是黎明前的黑暗，他們的耐力是基於希望和樂觀主義之上的。

相反，低 AQ 的人即便在非常有利的時候，也會看到負面的地方，並由此產生過分的擔憂，最終產生「怎麼做都沒有用」的想法，於是很容易放棄。

5.6.4　逆商是可以習得的能力

逆商是非智力因素，是一種心態，是可以幫助人走出困境，成就未來的能力。

逆商雖然受一定的先天遺傳因素所影響，但更重要的是靠後天的培養。

逆商的培養，讓孩子受益終生。

（1）教會孩子不抱怨

不管遇到什麼困難，首先學會勇於承擔責任。

父母不該事事為孩子包辦，應該放手讓孩子學會生存和自立。

即使跌倒了也要勇敢爬起來，自己去面對，而不是一遇到困難就想逃跑，讓別人為後果負責。

（2）延遲滿足

忍耐力強的孩子的成功率大大高於忍耐力低的孩子，在心理學上稱為「延遲滿足」（delay gratification）效應。

孩子遭遇困境，家長不要立刻伸手幫助，讓他先忍受挫折

帶來的不快，並鼓勵他設法擺脫。

這一點主要是針對自我意識和人格已經初步形成的孩子，對於 0 ～ 1 歲嬰幼兒時期的孩子，由於神經系統尚未發育完全，盡量不要採取這種方式，比如延遲餵奶、對孩子哭鬧置之不理等，這種行為對於嬰幼兒時期的孩子來說是一種心理上的傷害。

(3) 換個角度看問題，別鑽牛角尖

當孩子遇到困難，父母應該給予孩子最大的支持，引導孩子換個角度去看問題。

比如孩子考試失利，一度受到打擊，可以引導孩子注意到其他方面的優點，例如你的書法不錯、籃球打得很好、唱歌很好聽……這樣就不至於讓孩子在一件事的失敗中否定自我。

(4) 培養幽默感，能自嘲的人內心最強大

幽默感在當今社會已成為一項不容小覷的技能。

懂得幽默一方面能夠快速拉近人與人之間距離，建立親和感，另一方面也是建立內在自信心的催化劑。

能夠自嘲的人，無疑是內心最強大的人。

5.6.5　苦難是前進道路上的墊腳石

人的一生，跌跌撞撞誰都無法避免。

挫折與失敗，對於逆商高的人來說可以成為一筆財富。

5.6　走入絕境，一項可以拯救自己的能力

正如卡內基（Dale Carnegie）所說 —— 人在身處逆境時，適應環境的能力實在驚人。人可以忍受不幸，也可以戰勝不幸，因為人有著驚人的潛力，只要下定決心發揮它，就一定能度過難關。

身為父母，我們也要身體力行，為孩子們做出表率，輸得起、能夠承擔挫敗和否定的人，才有本事爭取成功。

電子書購買

國家圖書館出版品預行編目資料

別成為孩子精神世界的陌生人：還在「以愛為
名」控制你的孩子？你可能養出一個永遠長不
大的巨嬰！/ 臨界冰著 . -- 第一版 . -- 臺北市：
崧燁文化事業有限公司 , 2022.04
　　面；　　公分
POD 版
ISBN 978-626-332-292-9(平裝)
1.CST: 親職教育 2.CST: 子女教育 3.CST: 親子
關係
528.2　　　111004274

別成為孩子精神世界的陌生人：還在「以愛為名」控制你的孩子？你可能養出一個永遠長不大的巨嬰！

臉書

作　　　者：臨界冰

編　　　輯：鄒詠筑

封面設計：康學恩

發 行 人：黃振庭

出 版 者：崧燁文化事業有限公司

發 行 者：崧燁文化事業有限公司

E - m a i l：sonbookservice@gmail.com

粉 絲 頁：https://www.facebook.com/sonbookss/

網　　　址：https://sonbook.net/

地　　　址：台北市中正區重慶南路一段六十一號八樓 815 室

Rm. 815, 8F., No.61, Sec. 1, Chongqing S. Rd., Zhongzheng Dist., Taipei
City 100, Taiwan

電　　　話：(02) 2370-3310　　　傳　　　真：(02) 2388-1990

印　　　刷：京峯彩色印刷有限公司（京峰數位）

律師顧問：廣華律師事務所 張珮琦律師

定　　　價：375 元

發行日期：2022 年 04 月第一版

◎本書以 POD 印製